协调发展视角下的
现代经济管理研究

詹慧珍 著

延吉·延边大学出版社

图书在版编目（CIP）数据

协调发展视角下的现代经济管理研究 / 詹慧珍著. 延吉：延边大学出版社，2024.9. -- ISBN 978-7-230-07166-6

Ⅰ．F2

中国国家版本馆CIP数据核字第2024PW3191号

协调发展视角下的现代经济管理研究
XIETIAO FAZHAN SHIJIAO XIA DE XIANDAI JINGJI GUANLI YANJIU

著　　者：詹慧珍
责任编辑：耿亚龙
封面设计：文合文化
出版发行：延边大学出版社
社　　址：吉林省延吉市公园路977号　　邮　　编：133002
网　　址：http://www.ydcbs.com　　E-mail：ydcbs@ydcbs.com
电　　话：0433-2732435　　传　　真：0433-2732434
印　　刷：廊坊市广阳区九洲印刷厂
开　　本：710mm×1000mm　1/16
印　　张：12.5
字　　数：220 千字
版　　次：2024 年 9 月 第 1 版
印　　次：2024 年 9 月 第 1 次印刷
书　　号：ISBN 978-7-230-07166-6

定价：78.00元

前　言

　　随着全球经济一体化和信息技术的飞速发展，现代经济管理面临着前所未有的挑战与机遇。传统的经济管理模式已难以适应复杂多变的市场环境，迫切需要向现代化、科学化、精细化方向转变。协调发展作为现代经济管理的重要理念，旨在通过资源的优化配置、产业的合理布局、政策的科学制定等手段，实现经济、社会、环境的和谐共生与可持续发展。

　　本书全面而深入地探讨了协调发展视角下的现代经济管理理论，从现代经济的含义、主要特征及管理模式出发，逐步深入到管理目标。通过宏观与微观两个维度的分析，阐述了宏观经济管理的实现路径与现代经济管理体制的完善策略。同时，本书还关注对外贸易经济管理的多维探索、经济发展战略和经济社会发展规划的确定，以及区域经济空间结构的开发，为现代经济管理提供了新思路与新方向。

　　为了确保研究内容的丰富性和多样性，笔者在写作过程中参考了大量文献，在此向涉及的学者表示衷心的感谢。

　　由于笔者水平有限，加之时间仓促，本书难免存在疏漏。在此，恳请读者朋友批评指正。

詹慧珍
2024 年 8 月

目　录

第一章　现代经济管理概述 …………………………………………… 1

第一节　现代经济的含义及其主要特征 ……………………………… 1
第二节　经济管理的现代化 …………………………………………… 5
第三节　经济管理的研究内容 ………………………………………… 16
第四节　现代经济管理的模式 ………………………………………… 25

第二章　协调发展视角下的现代经济管理目标 ……………………… 30

第一节　现代经济管理目标概述 ……………………………………… 30
第二节　现代经济管理目标的确定 …………………………………… 36
第三节　现代经济管理目标的实施 …………………………………… 42

第三章　协调发展视角下的宏观经济管理 …………………………… 46

第一节　宏观经济管理的必要性和目标 ……………………………… 46
第二节　协调发展视角下经济发展模式的转变 ……………………… 49
第三节　宏观经济管理的策略与措施 ………………………………… 54
第四节　宏观经济管理的实现路径 …………………………………… 62

第四章　协调发展视角下的现代经济管理的微观视角 …………… 70

第一节　消费者、生产者与市场经济的相关理论 ………… 70
第二节　市场需求分析 …………………………… 84
第三节　市场供给分析 …………………………… 88
第四节　市场均衡与政府干预 …………………… 92

第五章　协调发展视角下的现代经济管理体制 ………………… 105

第一节　我国现代经济管理体制现状 ………………… 105
第二节　协调发展视角下的现代经济管理体制的完善 ……… 108
第三节　协调发展视角下的企业经济管理体制创新 ………… 114
第四节　协调发展视角下的乡村经济管理体制改革 ………… 117

第六章　协调发展视角下的对外贸易经济管理多维探索 ………… 122

第一节　实行对外开放 …………………………… 122
第二节　协调发展视角下的对外贸易经济效益 ……………… 126
第三节　协调发展视角下的对外贸易经济调控 ……………… 138

第七章　协调发展视角下的经济发展战略和经济社会发展规划 ………………… 141

第一节　经济发展战略的意义、构成要素与类型 …………… 142
第二节　协调发展视角下的经济发展战略的确定 …………… 149
第三节　协调发展视角下的经济社会发展规划 ……………… 153

第八章 协调发展视角下的区域经济空间结构开发 …… 156

第一节 区位与区域经济空间结构 …… 156
第二节 协调发展视角下的区域经济空间结构开发模式 …… 168
第三节 促进区域经济协调发展的管理策略 …… 182

参考文献 …… 191

第一章 现代经济管理概述

现代经济管理是一个复杂而综合的领域,它涉及对一个国家或组织的经济活动进行规划、组织、指挥、协调和控制,以实现经济高效、可持续发展和人民生活水平提高的目标。因此,现代经济管理对于现代经济发展的意义重大。

第一节 现代经济的含义及其主要特征

一、现代经济的含义

现代经济,即建立在现代先进科学技术基础上,具备高度信息化、全球化、市场化和知识密集化特征的经济形态。它不再局限于传统的物质生产和交换方式,而是融入了更多技术创新、数字化转型、全球供应链整合以及知识经济等新兴元素。

现代经济强调市场机制在资源配置中的决定性作用,同时注重政府宏观调控和政策引导的有效性,以实现经济持续稳定增长和社会福利的最大化为目的。它涵盖了广泛的产业领域,包括但不限于制造业、服务业、信息技术、金融、医疗、教育等，这些领域相互交织、相互促进，共同构成了现代经济的复杂系统。

此外，现代经济还注重可持续发展和环境保护，强调在经济发展的同时要实现资源的高效利用和生态环境的保护，以实现经济、社会和环境的协调发展。这种理念推动了绿色经济、循环经济等新型经济模式的兴起，为全球经济提供了新的增长动力和发展方向。

综上所述，现代经济是一个动态发展的概念，它随着科技、社会和环境的不断变化而不断演进。

二、现代经济的主要特征

现代经济的主要特征可以归纳为以下几个方面：

（一）全球化特征明显

1.国际贸易与金融的深度融合

随着科学技术的进步，特别是交通和通信技术的飞速发展，国际贸易已成为现代经济不可或缺的一部分。国际贸易总额在国内生产总值中占有相当大的比重，各国可通过国际贸易实现资源的最优配置和经济效益的最大化。同时，各国的金融市场也日益紧密地联系在一起，资本、货币和金融产品在全球范围内自由流动，促进了国际经济交流和合作。

2.经济区域集团化和全球化趋势

经济区域集团化和全球化已成为当今世界不可阻挡的历史潮流。各国通过签订自由贸易协定、建立区域经济合作组织等方式，加强区域经济合作，推动贸易和投资自由化、便利化。同时，全球化进程也加深了各国经济的相互依存度，一国的经济波动往往会对其他国家产生连锁反应。

（二）信用经济地位上升

1.信用关系广泛存在

在现代经济中，信用关系无处不在。在金属货币发展为信用货币后，信用关系就覆盖了整个社会。各个经济主体，包括国家、企业和个人，都广泛存在于债权债务关系中。信用关系不仅存在于金融领域，还渗透到商品交易、服务贸易等多个领域。

2.信用规模不断扩张

随着经济的发展，信用规模不断扩张。企业可依靠债务融资进行扩大再生产，个人也可通过信贷消费满足生活需求。信用规模的扩张促进了经济的繁荣和发展，但同时也带来了信用风险增加等问题。

3.信用制度的不断完善

为了保障信用关系的健康发展，各国纷纷建立了信用制度。这些制度包括信用评级、信用担保、信用监管等方面的内容，旨在提高信用信息的透明度、降低信用风险、保护债权人和债务人的合法权益。

（三）法治环境相对成熟

1.法律法规的完善

在现代经济生活中，市场主体的行为受到法律法规的严格约束。各国政府通过制定和完善相关法律法规，规范市场主体的行为，维护市场秩序，为经济发展提供稳定的法治环境。

2.执法力度的加强

在法律法规完善的基础上，各国政府还加强执法力度，严厉打击违法违规行为。通过加强监管和执法力度，市场的公平性与透明度得到显著提升，进而为经济的稳健发展奠定坚实基础。

（四）存在"损益"两面性

市场经济作为一种社会资源配置方式，具有不确定性。这种不确定性使得现代经济存在"损益"两面性。在这一经济形态中，"损"与"益"不仅是矛盾的对立面，更是相互依存、相互转化的统一体。它们互为前提，互为条件，同时也是推动社会经济发展的动力或压力。

值得注意的是，企业或个人的破产，虽看似残酷，实则是市场经济优胜劣汰法则的必然体现，并不可怕。真正令人担忧的是，社会缺乏一套有效的信息识别系统和清出机制，无法及时、准确地反映市场真实状况，也无法高效地将低效或无效资源从市场中清除出去。

现代经济若失去了"损"的特征，那么"益"的边界将变得模糊。因此，"损"与"益"的共生共存，不仅是社会经济进步的重要标志，更是市场机制充分发挥作用不可或缺的条件。

（五）第三产业占有较大比重

现代经济的一个显著标志是第三产业在国家（或地区）产业结构中占据举足轻重的地位。第三产业的高占比，往往反映出该国（或地区）在服务业等非物质生产领域的发展已达到较高水平，同时物质生产部门也通常实现了技术水平的飞跃与生产效率的显著提升。这一发展态势，是生产力进步与社会文明演进的必然产物，同时第三产业在产业结构中所占比重也成为衡量现代社会经济繁荣程度的关键指标。

纵观全球多国经济发展轨迹，不难发现，当经济体达到一定的发展阶段后，第三产业的发展速度往往会超越第一、第二产业，成为拉动国民经济增长的重要引擎。这一现象不仅反映了经济结构的高级化趋势，还体现了第三产业在促进就业、提升服务质量、增强经济活力等方面的独特作用。

第二节 经济管理的现代化

随着社会的发展，人类的管理思想也发生了质的飞跃，管理活动已经从原始的、自发的、"就事论事"的状态发展到了现代的、科学的、系统的状态。此外，正如技术研发者从来不把某一生产过程的现有形式看作其最终的形式一样，经济管理者也不墨守成规，而是在努力构建能够实现持续推动社会发展的高效经济管理系统。

一、经济管理现代化的含义和客观必然性

（一）经济管理现代化的含义

经济管理的现代化，就是运用一切同社会经济活动有关的现代科学（包括经济学、社会学、心理学、数学、计算机科学等）成果进行经济管理，使之同现代经济的发展水平相适应，符合社会化、现代化大生产的客观要求。

要深刻理解经济管理现代化的含义，必须把握以下三个要点：

1. 管理现代化是一个历史性的概念

生产力是不断发展变化的，而现代化程度又是生产力发展水平的反映。需要注意的是，在不同历史时期，现代化的内涵与外延也会相应地发生变化。因此，管理现代化应被视为一个动态的概念，它不断吸纳时代的新元素，融入新的理念与方法，要求相关研究者以发展的眼光去理解和把握其内涵。只有这样，相关研究者才能紧跟时代的步伐，推动管理实践的不断进步与创新。

2. 管理现代化是一个世界性的概念

现代化概念的世界性意义在于，现代化水平是一个世界水平。现代化水平的世界性意味着不同国家和地区都在追求现代化的目标，而这个过程往往涉

及全球经济格局的变化、国际关系的调整以及全球治理体系的完善等全球性议题。同时，一个国家现代化水平的评估也需要放在全球的背景下进行，通过与国际先进水平的对比，找出自身在现代化进程中的差距和不足，从而制定相应的发展战略和政策措施。

除此之外，一个国家要实现管理现代化，并不能简单复制国际经验，而是应立足全球视野，同时深刻把握本国国情与文化底蕴，通过创新性融合与发展，构建出既符合国际趋势又独具本国特色的高效管理体系。每个国家都有其独特的历史、文化、政治和经济背景，这些因素都会深刻影响管理实践。因此，一个国家要推进管理现代化，就必须深入了解和把握本国的国情和特色，将国际先进管理理念与本国实际相结合，形成具有本国特色的管理体系和方法。这样的管理体系和方法才能更好地适应本国的发展需求，推动本国的经济和社会进步。

推进我国的经济管理现代化，应遵循"以我为主，博采众长，融合提炼，自成一家"的方针。所谓"以我为主"，就是在重视和总结我国民族的、传统的管理经验的基础上，从我国的实际出发，学习、引用外国先进的管理方法，提高我国的管理水平；所谓"博采众长，融合提炼"，就是要全面了解世界各国的管理经验和管理方法，并进行深入的分析研究，取其精华，集百家之长为我所用；所谓"自成一家"，就是通过借鉴外国经验和继承本国经验，形成具有中国特色的社会主义经济管理学。

（二）经济管理现代化的客观必然性

经济管理现代化的客观必然性体现在多个方面：

1.科技在生产领域的广泛应用，要求经济管理必须现代化

随着科学技术的飞速发展，自然科学的成果被广泛应用于生产领域，转化为实用的技术和装备，这极大地提升了人类利用自然和改造自然的能力。科学技术转化为生产力，能帮助人类突破生理限制，使人类更高效地改造自然。回

顾社会生产力的发展历程，生产力的每一次飞跃都与科技革命有关。蒸汽机的改良引领人类进入机器工业时代，电子计算机的应用推动机械化生产向自动化生产转变，这些无不彰显了科技对生产力的巨大推动作用。

在物质生产领域，先进技术和装备作为人类智慧的杰出产物，极大地提升了生产效率。相应地，管理领域也迫切需要类似的"杰出产物"来延长管理者的"手臂"，扩充管理者的"大脑"，以实现管理的高效化。传统的手工业管理方式已难以满足社会化大生产的需求，管理活动日益成为信息密集型劳动，对信息的快速收集、精准整理和有效传递的依赖程度不断提高。经济管理必须充分利用各类经济信息，以优化人、财、物的配置，确保生产活动的高效运行，从而产出更多符合社会需求的产品。

在信息瞬息万变的今天，经济管理现代化成为推动生产力持续发展的关键。只有建立起现代化的经济信息管理系统，才能有效战胜信息处理在时间、空间、数量和质量上的挑战，确保经济管理决策的科学性和时效性。经济管理现代化与生产力现代化必须同步推进，相互促进，只有这样才能形成良性循环，共同推动社会经济的全面发展。

2.经济的高度社会化，要求经济管理必须现代化

随着机器大工业生产规模的持续扩大和生产技术水平的不断提高，机器及其体系内部各组成部分的分工日益精细，这一变革要求生产过程走向更高程度的社会化。

在企业内部，劳动分工变得更为细致，生产协作愈发紧密，形成了高效协同的生产网络。同时，企业之间、部门之间的分工与专业化协作也快速发展，相互之间的联系错综复杂，构成了庞大的社会经济网络。

进入机器大工业时代后，生产方式发生了根本性变革，分散的小规模个体生产转变为集中的大规模社会生产。这一转变不仅体现在生产资料使用的社会化上，还体现在生产过程和产品实现过程的各个环节，使得生产的社会性质得到了全面强化。社会再生产过程中的生产、流通、分配和消费等各个环节在

更大范围内相互联结，形成了一个高度一体化的生产社会化和社会化大生产的统一体。

随着专业化协作和联合化发展的不断推进，国民经济各部门之间的依存关系日益加深，跨部门、跨地区、跨领域的问题层出不穷，管理工作的复杂性和挑战性显著增加。如何有效协调众多部门、企业的产供销活动，实现国民经济的综合平衡，成为一个亟待解决的重要问题。

面对这一挑战，推动经济管理的现代化已迫在眉睫。相关部门应当运用先进的信息技术和管理理论，建立高效、精准、智能的经济管理系统，以应对日益复杂的社会经济环境。只有这样，才能确保国民经济的持续健康发展，实现生产社会化和社会化大生产的协调统一。

3.人类的自我发展，要求实现经济管理的现代化

在实现经济管理现代化的进程中，实现经济管理工作的自动化无疑是其中的关键环节。经济管理的自动化，不仅能显著提升劳动生产率，还能改变管理结构，推动经济管理方式发生变革（如减少管理人员，优化人员配置，增加脑力劳动者和服务行业从业人员的比重等），这些变化都对劳动者的科学文化素质提出了更高的要求。

经济管理的自动化促使人们重新分配时间，改变传统的思维方式和生活方式。人一生的时间可以分为三大类：一是维持生命需要的时间；二是满足自身发展需要的时间（包括劳动和学习）；三是享受物质和文化资源的时间。人类对时间的分配方式会因生产力与管理水平的不同而大相径庭。经济管理的自动化，通过提高生产效率和节约劳动时间，为人们赢得了更多的满足自身发展需求的时间和享受物质、文化资源的时间。

4.我国的经济管理水平，要求实现经济管理的现代化

我国与先进国家相比，在生产力和经济管理水平上仍存在一定的差距，这在一定程度上制约了我国现代化建设和生产力的发展。生产力的发展是经济繁荣和社会进步的基础，而经济管理水平的高低则直接影响了生产力的发展

和经济效益的实现。为了加快现代化建设步伐，我国必须在大力发展科学技术的同时，高度重视经济管理的现代化。

实现经济管理现代化，对于中华民族能否自立于世界民族之林具有重大意义。一个拥有较高经济管理水平的国家，能够更有效地利用资源，更快速地响应市场变化，更稳健地推动经济社会发展。这样的国家，在国际竞争中将更具优势，更有可能在全球舞台上发挥重要作用。

二、经济管理现代化的具体体现

（一）管理思想的现代化

管理思想的现代化是实现经济管理现代化的基础。因为管理组织、管理方法、管理手段、管理人才等的现代化都是在现代化管理思想的指导下进行的。没有管理思想的现代化，就不会有经济管理的现代化。当前，根据经济体制改革的精神，并结合经济管理现代化的要求，经济管理者应树立以下六种观念：

1. 决策与战略观念

决策就是对各种经济活动做出选择和决定的全过程，它是进行经济管理的依据。在社会化大生产的背景下，社会经济活动的范围日益广泛，涉及的因素日趋复杂，决策变得越来越重要。在决策时，经济管理者必须抓住全局性的重大经济问题，即战略问题，只有这样才能正确决策。战略决策一旦失误，就会带来全局性的失败。因此，经济管理者是否具有战略头脑，能否树立正确的决策观念，成为决定其工作成败的关键。

2. 效率和效益观念

效率是指在一定时间内所完成的工作量。效益是指消耗一定的活劳动和物化劳动生产出的符合社会需要的产品和服务。在现代科学技术飞速发展和经济环境日益变化的条件下，"时间就是金钱，效率就是生命"逐渐成为人们的共识。

提高效率必须以提高效益为前提,因为只有带来效益的增长速度才是实实在在的增长速度,才能给人们带来实惠。因此,一切经济管理都必须以提高效益为中心,并把效益与效率统一起来。

3.改革和创新观念

要改革和创新,经济管理工作就要随着生产力的发展和客观经济条件的变化而发展、变化。在经营环境复杂多变、生产技术日新月异、竞争压力越来越大的市场经济条件下,传统的经济管理模式已难以满足现代企业发展的需求,企业要发展就必须解放思想,加快"转机建制"的步伐,大胆改革和创新。

4.民主管理观念

民主管理是指每个经济单位的职工都能以主人的姿态,积极地参与管理,使管理成为他们的权利和责任。在现代社会化大生产条件下,由于生产过程中技术因素的影响力越来越大,人们主动性、创造性的发挥,对于生产过程的影响也越来越重要,因而在实际的管理工作中,既要有集中统一的指挥,又要给予劳动者一定的自主管理的权利,这就要求经济管理者树立民主管理的观念。

5.系统观念

这里所说的系统是指把各个经济单位的经济活动都看成由相互联系、相互制约的部门、要素、环节所构成的有机整体,即经济系统。树立系统观念就是要求经济管理者必须用整体的、相互联系的眼光来分析和处理问题,并通过系统分析寻找最优的管理方案。

6.智力开发观念

现代社会,在影响经济发展的因素中,人的因素具有决定性作用。智力开发观念强调经济管理者在企业管理中应重视人才的培养,并致力于激发每位员工的创新潜力,以帮助企业适应快速变化的市场环境和提升竞争力。

此外,在科学技术飞速发展的今天,如果不努力提高和充分发挥人的智力,所有管理目标都将难以实现,社会主义现代化建设的目标也无从谈起。

（二）管理组织的现代化

管理组织的现代化就是要使经济管理组织能够适应现代化大生产的需要，能够调动组织方方面面的积极性并保证管理的效率，从而推动生产力的发展。它是实现经济管理现代化的保证。具体来说，实现管理组织的现代化应从以下方面努力：

1.确定任务目标

任何一个组织都有其特定的任务目标。因此，每个组织、每个部门、每个管理层乃至每个成员都应有与其特定的任务目标相关联的分目标。组织的调整、合并或取消都应以是否对实现目标有利为衡量标准。没有任务目标的组织就没有存在的必要。

据此，在设置组织机构时，管理者首先要认真分析，为了实现特定的任务目标，必须办哪些事（工作），工作量有多大，需要具有哪方面能力的人来完成；然后决定设什么机构，需要几个部门、什么职务、配多少人。

确定任务目标要求以事为中心，因事设机构，因事设职务，因事配人员，反对因人设职，因职找事。

2.实行统一指挥

实行统一指挥，就是在经济管理工作中严格实行统一领导，建立明确的责任制，消除多头领导和无人负责的现象，以保证经济活动的正常进行。

3.确保有效的管理幅度

管理幅度也叫管理跨度，是指一个管理者能直接而有效地领导下属的人数。由于专业性强、涉及面广、管理内容多、工作量大，现代经济管理需要多种专业知识和管理经验。

一个领导人员受其精力、知识、经验等方面的限制，能够直接有效地领导的下级的人数是有限的。超过一定的人数，就不能实现具体、高效、正确的领导。一个领导人员能够有效地领导的下级的人数，即为有效管理幅度。影响管理幅度的因素，一般有：①管理层次、管理内容的繁简程度；②管理人员的思想水平、工作能力；③组织机构的健全程度、信息反馈的速度。

管理幅度与管理层次是相互联系、相互制约的。管理幅度越大，则管理的层次越少；管理幅度越小，则管理的层次越多。根据有效管理幅度的原则，组织要尽可能在扩大有效管理幅度的基础上减少管理层次。因为管理层次的增多，既会影响工作效率，又会增加管理人员和管理费用。

4.重视精简和效率

精简，就是"精兵简政"，重视精简就是要打造精干的队伍和精简的机构。重视效率则是要提高办事效率、工作效率。精简有助于提高效率，而效率的提高又为进一步的精简提供了可能。在实践中，组织应该根据自身的实际情况和需求，科学合理地精简机构和提升效率，以获得竞争优势。

（三）管理方法的现代化

管理方法的现代化就是把社会科学和自然科学的成果，以及各种现代管理方法应用于经济管理领域，以提高管理的有效性。具体表现在以下方面：

1.运用社会科学的成果

想要做好经济管理工作，就要严格遵循客观经济规律，这是确保经济活动有序、高效进行的基础。由于社会主义经济体系具有其独特的复杂性和动态性，人们对相关经济规律的认识往往是一个逐步深入、不断完善的过程。具体来看，社会主义经济体系涉及多个领域和层面，包括所有制结构、分配制度、市场机制、宏观调控等。这些方面相互关联、相互影响，形成了一个复杂的系统。因此，对社会主义经济规律的认识需要综合考虑各种因素，进行深入研究，而运用社会科学的相关成果，可以帮助管理者实现经济管理的现代化。具体表现如下：

第一，社会科学包括经济学、管理学、社会学、心理学等多个学科，这些学科提供了丰富的理论工具和研究范式，有助于管理者深入理解管理活动的本质和规律。例如，管理学中的组织理论、决策理论、领导理论等，都可以为经济管理现代化提供理论支撑。

第二，随着社会科学的发展，许多先进的管理理念不断出现，如人本管理理念、知识管理理念、战略管理理念、创新管理理念等。这些理念强调在管理过程中关注人的需求、发挥知识的力量、明确战略方向、鼓励创新创造。将这些理念融入经济管理实践，可以显著提升经济管理的现代化水平。

第三，社会科学的发展也推动了经济管理方法和技术的创新。例如，运用统计学、运筹学等科学方法进行数据分析，可以帮助管理者更准确地把握市场趋势和企业运营状况；运用信息技术、人工智能等先进技术，可以实现经济管理流程的自动化和智能化，提高经济管理效率和质量。

2.运用自然科学的成果

合理运用现代自然科学（特别是数学）的成果，有助于实现经济管理的现代化。

随着现代社会化大生产的快速发展，经济活动的复杂性和规模性急剧增加，传统的、基于经验和直觉的管理方法已经难以满足高效、精准的管理需求。管理数学方法的兴起和应用，对经济管理领域产生了较大影响。

这些新兴的管理数学方法，如投入产出法、数学规划法、系统分析、网络计划技术、预测技术、价值工程，以及排队论、对策论、决策论、库存论等，不仅为经济管理提供了强有力的工具，还极大地丰富了管理理论和方法论体系。它们通过运用数学语言、模型和算法，对经济活动的各个环节进行量化分析，起到了优化决策和提升管理的科学性等作用，有助于实现经济管理的系统化、数量化、标准化和最优化。

除了管理数学方法，现代化经济管理中还运用了物理、化学、生物等学科的相关成果。例如：物理学中的系统论和控制论思想被引入经济管理领域，帮助管理者理解和分析经济系统的结构和动态行为，从而确定有效的控制策略；生物学和生态学的研究方法和理论被引入经济学，形成了生态经济学这一交叉学科，其强调经济发展与环境保护的协调，为可持续发展提供了理论基础和实践指导。

3.运用各种现代管理方法

实现经济管理的现代化，还要普遍、深入地应用各种现代管理方法。

这里的"普遍"有两层含义：其一是普遍应用各种现代管理方法，而不是只应用几种方法，或者某一方面的方法；其二是将各种现代管理方法运用于一切可以应用的场合，而不是局限于某些部门、企业或场合。

所谓"深入"是指在应用现代管理方法时，应深入理解其本质，灵活、客观地加以运用，充分发挥其潜力，取得最佳效果，而不是满足于应用了多少种方法却不求实效。

当然，在实现经济管理现代化的过程中，有时需要有重点地推行某种方法或某些方法，这类方法往往具有较强的示范效应和带动作用，能够迅速提升企业的管理水平。然而，这并不意味着可以忽视其他方法。相反，随着管理水平的提升和管理经验的积累，管理者应当逐步扩大现代管理方法的应用范围，最终实现各种现代管理方法的普遍、深入应用。

（四）管理手段的现代化

对管理对象施加影响，就必须具备一定的手段。所谓管理手段，就是人们用以对管理对象施加影响的有效的管理工具和管理措施。

管理手段可分为"软""硬"两类："软"手段是指行政手段、经济手段、法律手段等生产关系调节手段；"硬"手段是指管理中运用的技术手段，如电子计算机、办公设备、测试仪表等。要实现管理手段现代化，就要适应现代生产力发展水平和社会主义生产关系的要求，不断改善"软"手段，不断更新"硬"手段。具体分析如下：

1.不断改善"软"手段

所谓不断改善"软"手段包含两层意思：其一是要致力于行政手段、经济手段、法律手段和思想政治工作手段科学化的研究，研究这些手段在经济管理中的作用范围和对象，这些手段运用的理论基础、依据和原则，这些手段各自的优势和局限性等一系列问题；其二就是要加强对这些手段的综合运用，形成适应实际情况的、具有特色的现代化经济管理模式。

2.不断更新"硬"手段

所谓不断更新"硬"手段也包括两层意思：其一就是要使引入的先进的物质技术手段适应现实生产力发展水平，适应经济管理的实际需要；其二就是不断把现代科学技术的一些新成果引进经济管理领域，使整个经济管理体系在结构上得到补充和更新。

（五）管理人才的现代化

管理人才现代化是实现经济管理现代化的关键。因为管理思想现代化和管理组织现代化能否贯彻，管理方法现代化和管理手段现代化能否推行，关键在于是否具有现代化的管理人才。管理人才现代化旨在培养和造就一批具有现代管理思想、掌握现代管理科学技术知识，具备指挥才能、参谋才能、监督执行才能的现代管理人才。经济管理现代化对管理人才提出了以下具体要求：

1.有渊博的学识

现代经济管理人才需要具备渊博的学识，这是因为经济管理不是仅仅涉及单一的领域或技能，而是一种具有高度综合性和复杂性的活动。现代经济管理人才需要具备专业管理知识、行业知识、跨学科知识，还要具备国际视野、持续学习的能力，以及一定的人文素养。只有符合这些条件的经济管理人才才能在复杂多变的市场环境中保持竞争优势，推动组织的持续发展和创新。

2.有卓越的领导能力

现代经济管理人才要有较强的领导能力；要有较强的逻辑思考能力和分析判断能力，能够准确把握时机，果断决策；要有知人善任的能力，能够善于发现人才、培养人才、团结人才、使用人才，调动所有工作人员的积极性。

3.有改革创新的精神

面对日益激烈的市场竞争、不断更新的生产技术，以及多元化的员工需求，经济管理人才需要勇于打破传统思维的束缚，敢于尝试新的管理理念、方法和工具。他们应具备敏锐的洞察力，能够洞察市场先机，把握变革机遇；同时，还需具备坚定的信念和决心，勇于承担风险，推动组织在不确定中寻求突破。改革创新精神是现代经济管理人才的核心竞争力之一，具有改革创新精神的经济管理人才不仅能够激发组织的内在活力，促进创新成果的涌现，还能够帮助组织在激烈的市场竞争中保持领先地位，实现可持续发展。

以上内容构成了一个相辅相成、互相衔接的有机整体。其中管理思想的现代化是实现经济管理现代化的基础，管理组织的现代化是实现经济管理现代化的保证，管理方法和手段的现代化是实现经济管理现代化的途径，管理人才的现代化是实现经济管理现代化的前提。

第三节　经济管理的研究内容

随着商品经济的发展，生产专业化程度越来越高，部门分工越来越细；与此同时，各种管理活动之间、经济活动与其他社会活动之间逐渐相互渗透。为了适应这种现实经济情况，经济管理的研究范围越来越大，研究内容也越来越庞杂。

一、经济学研究的基本内容

在传统上，理论经济学通常称为一般经济理论，可分为微观经济学与宏观经济学两个分支。微观经济学研究市场经济中单个经济单位即生产者（企业）、消费者（居民）的经济行为，而宏观经济学则以整个国民经济为研究对象，它主要关注经济中总量级别的现象，如国民收入、物价水平（如居民消费价格指数）、失业率、经济增长率以及国际收支等。宏观经济学的研究目标在于解释这些总量的决定因素，以及它们如何发展变化，进而分析这些变化如何影响整体经济的运行。微观经济学和宏观经济学关系密切。

（一）微观经济学

1.微观经济学的含义

微观经济学以资源利用为前提，以单个经济单位为研究对象，是研究社会中单个经济单位的经济行为，以及相应的经济变量的单项数值如何决定的经济学说。通过这种研究，微观经济学揭示了价格机制在解决社会资源配置问题中的核心作用。

2.微观经济学的特点

微观经济学的核心问题是价格机制如何解决资源配置问题。在理解微观经济学时，相关研究者要注意以下方面：

（1）研究的对象是单个经济单位的经济行为

单个经济单位的经济行为主要指单个消费者行为和单个生产者行为。

研究单个消费者行为就是研究单个消费者如何在给定的收入水平和价格水平下，做出最优的消费决策，即如何在不同的商品和服务之间进行选择，以达到最大的满足度（效用）。具体涉及需求理论、消费者偏好、预算约束等概念。

研究单个生产者行为，就是分析单个生产者如何在给定的技术条件、成本结构和市场环境下，选择最优的生产规模和生产方式，以实现利润最大化或成本最小化目标。具体涉及生产理论、成本理论和市场结构分析等内容。

（2）解决的问题是资源配置

微观经济学以资源利用为前提条件，来研究单个消费者和单个生产者的资源配置问题，从而使资源配置达到最优化，给社会带来最大的福利。

（3）中心理论是价格理论

在市场经济中，价格是一只"看不见的手"，它始终在引导和支配着消费者和生产者的经济行为。生产什么、如何生产和为谁生产都主要由市场中的价格来决定。价格调节着整个社会的资源配置，促使社会资源配置趋向最优状态。

价格理论作为微观经济学的核心内容，其核心在于揭示需求和供给这两个关键因素如何相互作用，共同决定市场中的均衡价格。需求方面的信息，源于对消费者行为理论的研究，反映了消费者在不同价格水平下对商品或服务的购买意愿和能力；而供给方面的信息，则基于对生产者行为理论的分析，揭示了生产者在特定条件下愿意并能够提供的商品或服务的数量。需求和供给如同剪刀的两个刀片，紧密配合，共同作用于市场，确定了那个关键的支点——均衡价格，即市场上商品或服务的供求达到平衡时的价格水平。

（4）研究方法是个量分析

微观经济学研究的都是某种商品的产量、价格等个量的决定、变动和相互间的关系，而不涉及对总量的研究。

3.微观经济学的基本假设条件

任何一个理论的成立都是有一定前提条件的，微观经济学理论也是以一定的假设作为前提条件的。在微观经济学理论的众多假设条件中，完全理性、市场出清和完全信息是最基本的假设条件。

（1）完全理性

微观经济学假设单个消费者和单个生产者的经济行为是理性的。单个消费者花费一定的收入进行消费，使自己获得最大的满足，即追求效用最大化，而单个生产者则追求利润最大化。

在微观经济学中，消费者和生产者的个体最优化行为起着关键作用。因为只有每个消费者和生产者的行为都是最优的，价格的调节才能使整个社会的资源配置实现最优化，而完全理性的价格调节是整个社会的资源配置实现最优化的前提。

在经济学视角下,人通常被视为理性的个体,他们在决策时会首要考虑自身的经济利益,追求个人利益的最大化。在这样的假设下,"经济人"在进行经济决策时,要对各种方案进行比较,最终选择一个花费最少、获利最多的方案,其行为是理性的经济行为。而理性的经济行为也可以表述为最优化的经济行为。

(2) 市场出清

根据市场出清假设,在市场价格机制的作用下,市场上的供给和需求会迅速达到一种平衡状态,即所谓的"市场出清"。这种平衡状态意味着,在任何一个时刻,市场上不存在供过于求或供不应求的情况,供给量和需求量恰好相等,资源得到了充分利用,不存在资源闲置。

(3) 完全信息

完全信息假设是指单个消费者和单个生产者可以免费、迅速、全面地获得各种市场信息,而他们只有全面掌握了市场信息,才能及时对价格信号做出反应,以实现其行为的最优化。比如对于消费者来说,完全信息是指消费者完全了解想购买商品的价格、性能,以及使用后自己的满足程度等。

4.微观经济学的内容

(1) 价格理论

价格理论,也称为均衡价格理论,主要研究商品的价格是如何决定的以及价格如何调节整个经济的运行。

(2) 消费者行为理论

消费者行为理论主要研究单个消费者如何把有限的收入分配到各种物品和服务的消费上,以实现效用的最大化。这一理论主要解决生产什么和生产多少的问题。

(3) 生产者行为理论

生产者行为理论主要研究生产者如何把有限的资源用于各种物品或服务

的生产上，从而实现利润最大化。生产者行为理论包括生产理论（研究资源要素与产量之间的关系）、成本收益理论（研究成本与收益之间的关系）和市场结构理论（研究不同的市场结构条件下，生产者和消费者如何相互作用，以及这种相互作用如何影响市场价格、产量、资源配置和经济效益）。

（4）收入分配理论

收入分配理论研究生产出来的物品按照什么原则进行分配，即工资、利息、地租和利润是如何决定的。该理论解决为谁生产的问题。

（5）市场失灵与政府干预理论

市场机制不是万能的，该理论主要研究市场失灵产生的原因、解决办法以及政府干预的必要性。

（二）宏观经济学

1.宏观经济学的含义

宏观经济学以资源配置为前提，以整个国民经济为研究对象，通过研究经济中总体问题以及各有关经济总量的决定及其变化，来说明社会资源如何才能够得到充分利用。上述定义中的"总体问题"包括失业、通货膨胀、经济波动、经济增长等方面；"经济总量"则涵盖国民收入、失业率、物价水平、经济增长率、利息率等方面。

2.宏观经济学的特点

在理解宏观经济学时，相关研究者要注意以下几方面：

（1）研究的对象是整个国民经济

宏观经济学研究的是整个国民经济的运行方式和规律，从总体上来分析经济问题。它不研究经济中的单个主体，即单个消费者或单个生产者，而是研究由消费者和生产者组成的整体。

（2）解决的问题是资源利用

宏观经济学以资源配置为前提条件来研究资源是充分利用了还是闲置

了，通货膨胀对购买力产生的影响，以及经济增长的途径等宏观经济问题。

（3）中心理论是国民收入决定理论

宏观经济学以国民收入决定为中心来研究资源利用问题，从而分析整个国民经济的运行状况。宏观经济学运用国民收入决定理论来解释失业、通货膨胀、经济周期、经济增长和宏观经济政策等。

（4）研究方法是总量分析

总量分析方法，也称为宏观分析法，是对整个国民经济及其发展变化的状态进行分析的方法。它关注经济中各有关的总量及其变化，如国内生产总值、消费额、投资额等，通过对这些总量的分析来揭示宏观经济的整体状况和发展规律。

3.宏观经济学的基本假设条件

（1）市场失灵

市场机制有效运作的一个基本前提是存在一个完全竞争的市场。然而，在现实经济环境中，公共物品、垄断、信息不对称等的存在，使得市场机制往往难以独自实现资源的最优配置。这一现实状况构成了政府干预经济活动的合理前提。

（2）政府有能力

市场失灵只是为政府干预经济提供了前提，但政府究竟能不能解决市场失灵问题，还得看政府的能力。宏观经济学假设政府有能力调节经济和弥补市场经济的缺陷，并能实现资源的最优配置。

4.宏观经济学的内容

（1）国民收入决定理论

国民收入决定理论是要说明总需求与总供给如何决定均衡的国民收入水平，以及均衡的国民收入水平是如何变动的。

（2）失业和通货膨胀理论

宏观经济学从有效需求不足的角度来分析失业，并把失业与通货膨胀理论联系起来，分析二者的产生原因、相互关系以及解决途径。

（3）经济周期与经济增长理论

经济周期理论研究的是国民收入的短期波动，而经济增长理论研究的是国民收入的长期增长趋势。

（4）宏观经济政策理论

宏观经济政策是国家干预经济的具体措施，主要包括政策目标、政策工具和政策效应。

（三）微观经济学与宏观经济学的关系

微观经济学研究的是经济中单个消费者和单个生产者的经济行为，宏观经济学研究的是经济运行中的总量，二者在研究的对象、解决的问题、中心理论和研究方法上都有较大差异。但作为经济学的两个组成部分，它们之间并不是互相割裂的，而是相互关联、互为前提、彼此补充的。

第一，微观经济学与宏观经济学是互相补充的。经济学的目标是实现社会经济福利的最大化。想要达到这一目标，既需要实现资源的最优配置，又需要实现资源的充分利用。换一个角度来看，微观经济学与宏观经济学分别解决资源配置与资源利用问题，从不同的角度来推动实现社会经济福利的最大化，所以，它们之间是相互补充的关系。

第二，微观经济学与宏观经济学都采用了实证分析法，属于实证经济学。两者都要说明经济现象本身的内在规律，即解决客观经济现象"是什么"的问题，而不涉及"应该是什么"的问题。经济学的科学化也是经济学的实证化，努力使人们在研究问题时摆脱主观价值判断的干扰，专注分析经济现象之间的内在联系，这是微观经济学与宏观经济学的共同目标与追求。

第三，微观经济学与宏观经济学都以市场经济制度为背景。不同的经济形态在不同的经济体制条件下运行，不同经济体制条件下的经济运行有不同的规律。经济学总是以一定的经济制度为背景的。微观经济学与宏观经济学都是市场经济下的经济学,分析市场经济条件下经济的运行规律与调控。市场经济体制是它们的共同背景,它们都是在假设市场经济为既定的前提下来分析经济问题的。

第四,微观经济学是宏观经济学的基础,宏观经济学是微观经济学的自然扩展。整体的经济状况是单个经济单位行为的总和,所以分析单个经济单位(即单个消费者和单个生产者)行为的微观经济学就是分析整体经济的宏观经济学的基础。

二、管理学研究的对象和内容

(一)管理学研究的对象

管理学研究的对象包括生产力、生产关系、上层建筑三个方面:

1.生产力

主要研究:如何配置组织中的人力、财力、物力等各种资源,使各要素充分发挥作用,以实现组织目标和社会目标的统一。因此,怎样计划安排、合理组织以及协调、控制这些资源的使用以促进生产力的发展,是管理学研究的主要问题。

2.生产关系

主要研究:如何处理组织中人与人之间的关系,尤其是管理者与被管理者之间的矛盾关系;如何建立和完善组织机构、安排人员以及解决各种管理体制问题;如何激发组织内部成员的积极性和创造性,使其为实现组织目标而努力。

3.上层建筑

主要研究:如何使组织内部环境与其外部环境相适应;如何使组织的规章制度与社会的政治、经济、法律、道德等保持一致,建立适应市场经济发展的新秩序和规章制度，从而维持正常的生产关系，促进生产力的发展。

（二）管理学研究的内容

根据管理的性质和管理学研究的对象，管理学研究的内容主要包括以下方面：

1.管理理论的产生和发展

管理理论的形成与发展，是管理学从实践到理论不断演进的过程。研究管理理论的产生和发展旨在继承、发展并创新管理理论，以构建现代化的管理理论体系。通过对管理理论的产生和发展进行研究，经济管理者可以更好地理解管理学的发展历程，这也有助于其更好地掌握管理的基本原理。

2.管理的基本原理与原则

任何一门科学都有其基本的原理，管理学也不例外。管理的基本原理是指带有普遍性的、基本的管理规律，是对管理的本质及其基本运动规律的表述。诸如决策的制定、计划的编制、组织的设计、过程的控制等，这些活动都有基本的原理和原则。经济管理者进行经济管理活动时必须遵循这些基本的原理和原则。

3.管理过程和管理职能

管理过程是指为实现组织目标而开展的一系列包含计划、组织、领导、控制等职能的连续、动态的管理活动流程。而管理职能则是对这些活动的高度概括，包括计划（规划未来行动方案）、组织（构建并维护组织结构）、领导（激励和指导团队成员）、控制（监督绩效并调整偏差）等关键方面。深入研究管理过程与管理职能的相互作用，有利于提升组织效率、促进资源合理配置、增强团队凝聚力，并最终实现组织的可持续发展。

4.管理者及其行为

管理者是管理活动的主体。管理活动成功与否，与管理者有着密切的关系。管理者的素质、领导方式、领导行为、领导艺术和领导能力，对管理活动起着重要的作用。

5.管理方法

管理方法有很多，如行政方法、经济方法、法律方法等。一般而言，凡是有助于管理目标实现的各种程序、手段、技术都可以归入管理方法的范畴，所以管理方法包括各种管理技术和手段等。管理功能的发挥、管理目标的实现，都要运用各种有效的管理方法。

此外，管理学还深入研究战略管理、运营管理、财务管理、国际管理等具体领域，这些领域相互关联、相互支撑，共同构成了管理学丰富而系统的知识体系和实践体系。

第四节 现代经济管理的模式

选择正确的经济管理模式对经济的发展有着重要意义。

一、现代经济管理模式的含义

现代经济管理模式涵盖了国家所确立的经济体制框架、经济运行的基本方式，以及政府据此构建的经济管理组织体系、实施的宏观调控手段，同时还包括对经济活动的监督机制和现代管理制度的综合运用。不同经济状况的国家所选择的经济管理模式是不同的。

二、选择经济管理模式时应考虑的因素

（一）国家的社会制度和所有制结构

社会制度是一个国家政治、经济、文化等各个领域的基本框架和规则体系，它决定了经济管理模式的基本性质和运行方式。

所有制结构是指一个国家内部各种所有制形式在经济总量中所占的比重和相互关系。它决定了经济资源的配置方式、经济主体的行为方式和经济政策的导向。

（二）国家的经济资源和经济发展状况

经济资源的丰富程度、分布情况以及利用效率，是选择经济管理模式时的重要考量。资源丰富但开发不足的国家可能需要政府引导投资，推动技术革新；而资源匮乏的国家则可能更注重资源的高效配置和循环利用。

经济发展状况如经济增长速度、产业结构等也会影响经济管理模式的选择，比如快速增长的经济体可能需要更加灵活和开放的管理政策。

此外，外部经济环境也会影响一国经济发展的目标和策略，进而影响经济管理模式的选择。

（三）国家的经济体制

经济体制是经济管理模式的核心，它决定了经济活动的组织方式、管理手段和政策工具。计划经济体制强调政府的主导作用，通过计划手段配置资源；而市场经济体制则更多依赖市场机制和价格信号来引导资源配置。经济体制的选择，直接决定了经济管理模式的类型和特征。

（四）国家的经济运行状况

经济运行状况包括经济增长的稳定性、通货膨胀率、失业率等宏观经济指标。这些指标反映了经济的健康状况和潜在风险，对选择经济管理模式具有重要指导意义。例如，在经济增长放缓或高失业率时期，政府可能采取更加积极的财政政策和货币政策来刺激经济；而在通货膨胀高企时，政府则可能采取紧缩性政策来控制物价。

（五）企业的结构和制度

企业作为经济活动的基本单元，其结构和制度对经济管理模式的选择具有重要影响。企业的所有权结构、治理结构、激励机制等都会影响其经营行为和市场竞争力。因此，在选择经济管理模式时，经济管理者需要充分考虑企业的实际情况和需求，以促进企业健康发展并提升其整体经济效率。例如，支持小微企业和创新型企业的政策可以激发市场活力；而推动国有企业改革则有助于提升国有经济的竞争力和效率。

三、我国经济管理模式的特色

我国经济管理模式是在社会主义市场经济体制下，以公有制为主体、多种所有制经济共同发展的基础上形成的。这一模式下，政府在经济管理中发挥主导作用，通过制定经济政策、规划经济发展方向、调节经济运行等手段，引导市场资源配置，促进经济平稳健康发展。同时，市场机制也在资源配置中发挥决定性作用，通过价格、供求、竞争等机制，实现资源的优化配置和高效利用。

这里仅从我国经济管理模式的核心，即我国政府对市场的干预程度和方式来分析我国的经济管理模式。其主要特色如下：

（一）政府职能的有限性

政府的职能是有限的。在应该由市场发挥作用的地方，就应充分发挥市场的作用，政府只为市场经济的运行提供条件，如维护市场秩序、承担基础设施建设工作、提供信息服务、提供社会保障服务等，从而为市场营造良好的发展环境。

另外，在公共服务领域，特别是在基础设施建设方面，政府应在加强宏观管理的同时，引入竞争机制，开放公共服务市场，在一定范围内允许和鼓励私营企业进入。借助市场和社会，政府可与私营企业、社会团体等共同"划桨"，弥补自身在财力和服务能力等方面的不足。

需要特别说明的是，想要确保经济秩序的稳定和市场的健康发展，政府就必须加强对自身行政权力的法律约束。缺乏法律约束的行政权力会无限膨胀，进而破坏正常的经济秩序，故而政府要明确自身权力的边界、规范自身权力的使用，还要建立完善的监督问责机制，把权力"关进"制度的"笼子"。

（二）宏观调控的间接性

宏观调控的间接性是指政府不直接干预企业的生产、经营和投资决策，而是通过货币政策、财政政策、产业政策等经济手段，以及法律法规和市场机制，来影响和调节宏观经济运行，实现宏观经济目标。

1.政府减少直接干预

减少直接干预有助于市场机制在资源配置中发挥决定性作用。市场机制通过价格、供求和竞争等机制，能够优化资源配置，提高经济效率。

此外，政府直接干预经济，有时会出现信息不对称、决策失误等问题，可能导致资源配置不当、经济效率低下甚至经济衰退，而减少直接干预。使用间接调控的方式，可以更好地平衡经济增长和稳定之间的关系。

例如，在应对经济下行压力时，政府没有采取大规模的直接刺激政策而是通过减税降费、优化营商环境等措施来激发市场活力和企业创新动力。同时政府还加强了对金融市场的监管和风险防范工作，确保了金融市场的稳定和健康发展。

2.政府规范自身和市场的行为

政府把公共服务领域的工作做到位，使自身和市场相互补充、协调发展，共同推进经济的市场化、国际化。

3.政府发展并完善服务职能

政府发展并完善服务职能主要体现在以下方面：为市场主体提供咨询服务，加强经济社会中不同利益集团间的沟通和交流；为经济社会发展中的弱势群体提供必要帮助；形成与社会多元化发展相适应的多渠道、多层次社会利益协调机制；等等。

在间接调控的过程中，政府需要不断加强自身建设，提高服务能力和水平。具体包括加强政府部门之间的协同合作、提升政策执行效率、完善服务流程等。同时，政府还需加强对市场主体的服务和支持，为其提供更加便捷、高效、全面的服务。

第二章　协调发展视角下的现代经济管理目标

经济管理目标是一切经济管理活动的依据和出发点，为未来经济活动指明方向。科学地确定经济管理目标，对经济和社会的发展具有决定性作用。

第一节　现代经济管理目标概述

一、现代经济管理目标的含义

目标是人们在某一期限内进行各种实践活动所期望达到的最终成果。它是一个组织或一个人奋斗的方向。

劳动是人类有目的、有意识的活动。人类劳动与动物本能活动的根本区别之一，就是劳动过程开始时，人们已有明确的目的以及体现这种目的的具体设想和方案，而在劳动过程中的一切活动都是为了实现这个目的。

经济管理目标是指在一定时期内经济管理实践活动预期达到的成果。它决定着经济管理活动的任务和内容，决定着经济管理方法的选择、经济管理的组织结构和经济管理人员的配备等；同时，经济管理目标也是检查和评价经济管理活动效果的准绳。在经济管理活动中，搜集经济信息，确定经济管理目标，经过预测和决策,把目标落实到经济计划上,有助于经济管理者进行有效的组织、指挥、控制和协调,以取得最佳效益。由此可见,一切经济管理活动实质上都是围绕着确定和实现经济管理目标而开展的。经济管理目标是经济管理活动的出发点,也是经济管理活动的归宿。经济管理目标贯穿经济管理活动的全过程。

每一个经济管理者、经济组织、经济部门乃至国家,进行的任何经济管理活动,都存在着一个明确的目标。这个目标可以概括为:最有效地利用各种资源条件,充分发挥劳动者的积极性和潜力,以最少量的人力、物力、财力和时间,来获取经济活动的最佳效益,创造出更多的社会财富。

在协调发展视角下,现代经济管理目标是一个多维度、综合性的体系,旨在全面促进经济社会的协调、可持续发展。现代经济管理目标的含义具体可从以下方面分析:

第一,推动产业体系协调发展。具体涉及优化产业结构、提升产业竞争力、促进产业协同发展等内容。

第二,推动经济体制协调发展。具体涉及建设有效的市场机制、激发微观主体活力、加强宏观调控等方面。

第三,推动空间治理协调发展。具体涉及缩小区域发展差距、促进城乡一体化发展、加强生态文明建设等方面。

二、现代经济管理目标的特点

现代经济管理目标的特点如下:

(一)方向性

现代经济管理目标决定着经济活动的方向。在现代化大生产的条件下,经济活动展现出高度的系统性,而现代经济管理目标代表了系统的方向,它把每一个人的行动统一在共同目标之下,以保证经济组织体系中全体劳动者的方向一致,从而有节奏、有成效地共同劳动。

明确、合理且可实现的目标方向是确保管理效益的首要因素。一个明确、合理且可实现的目标方向能够为管理活动提供清晰的指引,确保各项资源和努力都聚焦于实现这一核心目标。现代经济管理活动紧密围绕目标方向展开,能够显著提高工作效率,减少资源浪费,并促进组织的整体发展。

(二)阶段性

经济活动受时间、环境、资源条件等主客观因素的影响,使得经济发展呈现阶段性特征,而经济发展的阶段性使得现代经济管理目标也具有阶段性。

此外,随着时间的变化,国内外环境、资源条件及其利用方法等也在变化,现代经济管理目标也必须随之进行相应调整。为了适应现代社会经济情况的发展和变化,一个时期或一个阶段的目标实现之后,经济管理者必须积极主动和灵活地确定新的目标。

例如,1987年10月,根据邓小平同志提出的建议和意见,党的十三大确定了"三步走"发展战略。主要内容是:第一步,实现国民生产总值比1980年翻一番,解决人民的温饱问题;第二步,到20世纪末使国民生产总值再增长一倍,人民生活达到小康水平;第三步,到21世纪中叶人均国民生产总值达到中等发达国家水平,人民生活比较富裕,基本实现现代化。在此基础上,1997年,党的十五大根据中国经济社会发展的变化提出了"新三步走"战略,主要内容是:第一步,20世纪第一个十年实现国民生产总值比2000年翻一番,使人民的小康生活更加宽裕,形成比较完善的社会主义市场经济体制;第二步,再经过十年的努力,到中国共产党成立一百年时,使国民经济更加发展,各项制度更加完善;第三步,到21世纪中叶,中华人民共和国成立一百年时,基本实现现代化,建成富强民主文明的社会主义国家。2017年,党的十九大明确了新时代中国特色社会主义发展的战略安排,提出"两步走"战略,主要内容是：第一个阶段，从 2020 年到 2035 年，在全面建成小康社会的基础上，再奋斗十五年，基本实现社会主义现代化；第二个阶段，从 2035 年到 21 世纪中叶，在基本实现现代化的基础上，再奋斗十五年，把我国建成富强民主文明和谐美丽的社会主义现代化强国。

（三）可分解性

现代经济管理的总目标（或整体目标）与不同层次的具体目标，共同构成了复杂的目标网络体系。在目标网络中，各个层次的目标都是总目标的一部分，各目标之间相互关联、互为依存，有着内在的从属关系，所以，经济管理目标具有可分解性。具体表现为：综合目标可被分解为具体的子目标；长期目标可被分解为若干个中期目标，而每个中期目标又可以进一步细化为短期目标；高层目标可被分解为基层的具体目标。如经济组织的管理目标可以分解为劳动者个人的目标，国民经济管理目标可以分解为部门目标、地区目标等。

（四）约束性

共同劳动是社会化大生产的必然产物。现代经济管理目标决定着人们共同劳动的方向，规定着人们的基本任务，能够把人们的意志和行动统一起来，以保证经济活动达到预期效果。

现代经济管理目标作为人们共同行动的纲领，必然具有约束性。它要求人们不能脱离目标而擅自行动，且只能在有利于既定管理目标实现的前提下，发挥主观能动性，提出和实现各自的具体目标。如果现代经济管理目标没有约束性，那么现代经济管理活动就会失去方向，人们就会无所适从、顾此失彼。

（五）可考核性

在设定现代经济管理目标时，可考核性是一个内在的要求。可考核性意味着目标需要具体、明确、可量化，以便在实际操作中能够对目标完成情况进行跟踪、评估和衡量。现代经济管理目标只有具有可考核性，才能确保团队或组织清晰地知道自己应在何时何地达到什么样的标准，从而做出相应的调整和决策。

三、现代经济管理目标的分类

由于经济管理活动的范围、时间要求、重要程度和内容不同，可以从不同的角度对现代经济管理目标进行分类。

（一）按经济管理活动的范围分类

根据经济管理活动的范围的不同，现代经济管理目标可分为国民经济管理目标、地区或部门目标、经济组织或企业目标、劳动者个人目标等不同层次的目标。

国民经济管理目标主要包括经济和社会发展目标、管理机制完善目标两部分，以经济发展为核心，通过协调经济发展目标、科技发展目标、社会发展目标和管理机制完善目标，形成全国性综合目标。

地区或部门目标、经济组织或企业目标，以及劳动者个人目标，都是由国民经济管理目标分解而来的，是国民经济不同管理层次的具体目标或子目标。国民经济管理目标的实现是以各个管理层次的具体目标或子目标的实现为先决条件的。

（二）按经济管理活动的时间要求分类

根据经济管理活动的时间要求的不同，现代经济管理目标可分为长期目标、中期目标和短期目标。长期目标通常指 5~20 年的远景规划目标，中期目标通常指为期 3~5 年的管理目标，短期目标通常指 1 年以内的具体管理目标。

长期目标是制定中期目标和短期目标的依据,且在实践中,长期目标必须具体化为中期目标和短期目标,否则长期目标很容易落空。长期目标与中期目标、短期目标之间的这种整体与部分的关系,反映了目标的阶段性和可分解性,它们之间有着密切的联系,又存在着相对的独立性。

(三)按经济管理活动的重要程度分类

根据经济管理活动的重要程度的不同,现代经济管理目标可分为战略目标和战术目标。战略目标是关系到经济组织的全局性和长远发展的目标,在较长的时间内决定(或影响)经济发展的速度和规模。战术目标则是为实现战略目标而制定的短期、具体、可衡量的目标,通常关注组织内部的具体业务单元、职能部门或项目,以及如何在短期(如一年、一个季度或更短时间)内实现特定的业绩指标或成果。

一个清晰、明确的战略目标能够为战术目标的制定提供方向和指导,而战术目标的成功实现则是实现战略目标的重要保障。通常,长期目标属于战略目标,中期目标和短期目标则为战术目标。

(四)按经济管理活动的内容分类

根据经济管理活动的内容的不同,现代经济管理目标可分为经济增长目标、经济稳定目标、宏观效益目标、社会发展目标。

经济增长目标是现代经济管理活动的核心目标之一。它关注的是经济总量的增加,通常通过国内生产总值(GDP)、人均 GDP 等经济指标来衡量。经济增长目标的设定旨在促进经济活动的扩张,提高国家的经济实力和国际竞争力,同时为社会提供更多的就业机会,为人民提供更高的生活水平。

经济稳定是指经济运行过程中的平稳性和可预测性。经济稳定目标旨在通过宏观调控政策,如货币政策、财政政策等,来保持物价的稳定、就业率的适度增长、国际收支的平衡等,以避免经济出现过热、衰退等不稳定现象。经济稳定目标的实现对于促进经济增长、维护社会稳定具有重要意义。

宏观效益目标关注的是整个经济体系的效率和效益。它要求在经济运行过程中，通过优化资源配置、提高生产效率、促进技术进步等方式，实现经济的高质量发展。宏观效益目标的实现需要政府、企业和个人等多方面的共同努力，以及完善的市场机制和法律法规的支持。

社会发展目标是指现代经济管理活动除了追求经济增长和稳定外，还需要推动社会的全面进步和人民生活质量的提高。社会发展目标涵盖教育、医疗、文化、生态等多个领域。社会发展目标的设定旨在促进社会的公平正义、提高人民的生活质量和幸福感，以及实现经济和社会的可持续发展。

第二节　现代经济管理目标的确定

一、确定现代经济管理目标的原则

确定现代经济管理目标应遵循以下原则：

（一）整体性原则

这是确定目标的首要原则。在自然经济条件下，由于生产规模较小，生产各环节的联系性不强，通常来说，经济管理活动对局部有利，就是对整体有利。在现代化大生产条件下，由于分工精细、协作紧密，生产过程具有高度的比例性和连续性，经济管理活动的局部与整体有着复杂的关系，局部利益和整体利益并不总是一致的，有时对局部有利的经济管理活动，从整体上看并不一定有利，因而确定目标应从整体出发，以全局利益为重，让小目标服从大目标，使整体目标和具体目标协调一致。

(二) 明确性原则

目标必须明确，含混不清的目标或以空洞的口号代替目标，都势必导致经济管理活动发生混乱。确立明确的目标，要做到以下几点：目标的文字要精练、准确，使人一目了然，知道总目标是什么，子目标是什么；目标中能量化的部分要尽可能量化，对于那些难以直接量化的目标，可以采取间接方法使其量化。当然，并不是所有经济管理活动的目标都能直接或间接用数量指标来反映，在遇到目标无法量化的情况时，应尽量采取某些形式，把目标表达得完整、具体、明确。

(三) 相对稳定性原则

确定目标时应遵循相对稳定性原则。现代经济管理目标是关系经济活动全局的大事，目标一经确定就要保持相对稳定性，目标多变等于没有目标。

目标的相对稳定性并不是说目标确定后就不可改变。目标科学与否，能否客观地反映经济活动的规律，还有待经济管理实践的检验。因此，在目标实施过程中，为了使目标更科学，经济管理者要利用反馈机制，对既定目标进行必要的修改和调整，甚至重新确定目标。需要注意的是，目标的可修正性是以目标的相对稳定性和连续性为基础的。

(四) 积极可行性原则

确定经济管理目标时，既要有前瞻性，又要实事求是，量力而行。目标具有前瞻性，高于现有水平，可以激励人们奋发向上，努力拼搏，但确立目标时要注意不能脱离现实生产力发展水平。

如果所确立的目标水平过高，是人们经过努力也无法达到的，就会使劳动者失去奋斗的信心，挫伤其劳动积极性；如果所确立目标的水平太低，是人们不经努力就可实现的，那么劳动者的潜力就得不到激发，且这种目标没有什么意义。所以目标的确定应以"平均先进"为基础。目标的"平均先进"定额是指介于普遍达到的平均水平与先进水平之间，在现有条件下，多数劳动者经过努力可达到（一部分可超过；一小部分虽达不到，但能接近）的水平。

确定目标不能只从需要出发，还要考虑人、财、物等条件的制约。经济管理者既要考虑今后发展的有利条件，又要如实估计现实和将来可能遇到的困难，把目标确定在"平均先进"的基础上，鼓励大家"跳起来摘苹果"。

（五）优化原则

确定现代经济管理目标必须以提高经济效益为中心，以最小的消耗，获得最佳成果。若偏离了这一中心，所确定的目标也就失去了价值。为此，在确定目标时应坚持优化原则。

目标的优化需注重整体优化，不能局限于局部优化。一般说来，优化的目标具有学术价值、经济价值和社会价值。学术价值包括目标的各项指标可以与世界先进水平进行比较。经济价值是指目标能促进整个国民经济的发展。社会价值是指目标能满足人们物质文化生活的需要，能保护环境和符合社会道德规范。

二、确定现代经济管理目标的依据

确定现代经济管理目标必须以社会主义基本经济规律为依据，在分析我国的国情的基础上，参考外部环境以及国家在一定时期内的方针政策。

（一）我国国情是确定目标的基础

在确定现代经济管理目标时，经济管理者必须正视我国农业基础相对薄弱的现状，同时也要认识到我国自然资源相对丰富、劳动力资源充足以及已建成相当数量的现代化大中型企业的优势。然而，不可忽视的是，我国生产力总体水平仍有待提升，且地区间、企业间的经济发展存在显著的不平衡。此外，短期内开发自然资源的资金和技术力量尚显不足，人均自然资源占有量亦相对有限。更为关键的是，在未来相当长一段时间内，劳动力就业问题仍是一个亟待解决的突出问题。

因此，在确定现代经济管理目标时，经济管理者必须坚持从实际出发，全面、客观地审视和评估这些主客观条件，只有这样，才能制定出比例协调、发展速度稳健、经济效益显著且能切实惠及广大人民群众、符合我国国情的目标。反之，若脱离实际，盲目设定目标，这样的目标最终只会沦为空洞的构想，难以在实践中落地生根。

（二）社会主义基本经济规律是确定目标的依据

满足人民日益增长的美好生活需要，是确定现代经济管理目标的根本性指引。在确定目标时，必须严格遵循客观经济规律，摒弃仅凭决策者主观臆断的做法。

经济管理者确定的现代经济管理目标应当具有双重导向：一方面，这些目标应当确保人民的物质文化生活水平随着生产的发展而逐年稳步提升，这是社会主义制度的本质要求；另一方面，这些目标还需实现经济发展速度、比例与效益三者的有机统一，确保长远目标与现实目标、整体目标与局部目标之间和谐共融。这样的目标设定能够确保经济管理活动紧密贴合社会主义基本经济规律，促进我国经济健康、可持续发展。

（三）外部环境是确定目标的重要影响因素

外部环境是不断变化的，现代经济管理目标，尤其是企业的经营管理目标的确立，应和外部环境的变化相适应。当外部环境发生较大改变时，若经济管理目标不能根据新形势作相应的调整，那么组织将很难在竞争中生存和发展。

（四）党和国家的方针政策是确定目标的准绳

经济管理者所确定的现代经济管理目标还应与党和国家在一定时期内的方针政策保持一致。这些方针政策为社会主义经济发展提供了明确的方向指引。无论是宏观层面的发展战略目标，还是微观层面的企业经营目标，都应当与党的方针政策保持高度一致，以确保经济活动的正确性和有效性。

三、确定现代经济管理目标的步骤

确定现代经济管理目标一般遵循如下步骤：

（一）搜集和整理经济信息

搜集和整理经济信息是确定现代经济管理目标的前提。为了使现代经济管理目标科学、合理、可行，在搜集和整理经济信息时应注意：

1.搜集不同空间的有用信息

经济信息包括内部信息和外部信息，分别来自经济管理活动的内部与外部环境。

内部信息从组织的各职能部门、各生产环节、各工作现场及岗位进行搜集，主要包括有关的原始记录、凭证、统计核算等信息。

外部信息的搜集渠道主要有各级主管单位及管理机关，各类科学技术及经济管理等学会、协会、团体、研究部门，信息与咨询公司，销售网点等单位，以及各类报刊、电视广播、文献、公报等。除此之外，还要搜集与经济信息有关的政治、社会、自然、文化、心理、法律等各类信息。

2.对信息进行细致的分析和整理

在做好调查研究、搜集信息的基础上，为了提高信息的质量，必须对信息进行分析和整理。把准确、及时、经济、适用等作为分析和衡量信息的标准，对已掌握的诸多信息进行归类、整理、加工、解释，去粗取精、去伪存真，使经济信息标准化、数据化和档案化，进而为拟定目标方案提供依据。

（二）拟定目标方案

在对经济信息进行全面系统的搜集和整理之后，下一步便是拟定目标方案。这些方案应体现目标的多样化特性，因为经济管理活动所追求的往往并非单一目标，而是涵盖多个层面或维度的目标体系，可能是一个总目标下包含若干子目标。为此，在拟定目标方案时，必须进行深入、全面、系统的分析，力求构思出丰富多样的目标选项，以便后续对这些目标选项进行比较、评估，进而找到最优选项。

（三）评价目标方案

评价目标方案就是对拟定的目标方案进行比较、分析和论证。主要应从以下几方面进行分析：

第一，论证各目标方案在技术上的可行性。在对目标方案进行评价的过程中，应分析目标方案在技术层面是否可行，有无困难等。

第二，评价各目标方案在经济效益上的优劣，这里所说的经济效益包括整体效益和局部效益。

第三，分析各目标方案实现的保证程度，这一步骤旨在细致考察每个方案所需的各项条件是否已经或即将具备。目标方案所需的条件包括但不限于时间条件、自然资源储备条件、人力资源条件以及财力支持条件等。

第四，预测各目标方案实施后对外界的影响，主要指对社会和自然生态的影响。

（四）选择最优目标

在对目标方案进行综合评价的基础上，从若干个目标方案中选出最优目标方案。在进行方案优选的过程中，应全面权衡各个方案的利弊和得失。在正常情况下，目标方案不可能是完美无缺的，可能各有优势和缺陷。所以在确定目标方案时必须从实际出发，保证目标方案中的主要指标和大多数指标是较优的。

第三节　现代经济管理目标的实施

从某种意义上讲，现代经济管理目标的实施要比目标的确定更难，同时也更重要。因为现代经济管理目标一旦确定，就要组织各方面力量，采取各种有效措施把它付诸实践。

现代经济管理目标的实施贯穿现代经济管理的整个过程，涉及经济管理的各个方面。一般来讲，需要做好以下工作：

一、确定工作重点和实施步骤

现代经济管理目标包括经济增长、经济稳定、宏观效益和社会发展四个方面的内容，这四个方面的内容分别从不同维度反映了国民经济发展的总体要求，它们之间既是相互联系的，又是相互制约的。但是，在实际生活中，由于经济发展的不平衡性和某些客观条件的变化，通常每一个时期都有一个重点目标。例如，当经济波幅过大而危及经济活动正常秩序和社会稳定时，经济稳定就成了重点目标；当经济增速下滑，市场出现疲软，工人大量失业时，经济增长就成了重点目标。没有重点目标，就谈不上集中主要力量来解决主要矛盾。当然，集中主要力量解决主要矛盾并不等于对其他目标放任不管，经济管理者要善于将重点目标和非重点目标结合起来，切不可顾此失彼。

在明确重点目标之后，经济管理者还要规划经济管理目标的实施路径，将其细化为若干步骤与阶段，以确保目标能够有条不紊、循序渐进地达成。忽视主次之分、先后顺序、轻重缓急，或是对步骤与阶段的划分不够准确，都可能错失良机，最终使目标成为空洞的构想。

二、分解目标，落实责任

为确保现代经济管理目标的有效实施，经济管理者必须将总体目标细化为各管理层次的具体目标，并促使这些具体目标转化为每位劳动者的实际行动，这是达成目标的核心路径。因此，经济管理者的首要任务是进行目标分解，构建一个完整的目标体系。

泰勒（F. W. Taylor）是目标分解法的先驱，他开创性地将大型工程拆解为多个工序，又将每个工序细分为多个操作过程，再将每个操作过程分解为一系列动作。拆解结束后，他又深入研究，分析每个动作是否必要，从而除去那些不必要和多余的动作，提高工作效率。现代经济管理整体目标的分解正是基于这一原理。

具体而言，任何经济组织都应设定清晰、具体的整体目标，并在其组织体系的各个层级上，为实现这一整体目标而设立相应的高层目标、中层目标、基层目标及个人目标（也可划分为部门目标、单位目标和个人目标）。这些分目标相互支撑、相互依存，每个层次的目标都是整体目标不可或缺的组成部分。高层目标汇聚成整体目标，中层目标支撑高层目标，基层目标支撑中层目标，而基层目标通过个人目标的实现得以稳固。整个目标体系中的各个目标相互联系，相互呼应，共同构成一个有机整体。

构建这样的目标体系，有助于所有管理者和劳动者清晰地认识到个人目标在整体目标中的位置与责任，从而更加合理地平衡个人、局部与整体利益之间的关系，促进组织的和谐发展与目标的顺利实现。

三、编制行动计划

目标是一切行为的向导，现代经济管理目标为经济管理活动规定了行动的方向。正确地选择各种方法来达到目标的过程，就是编制行动计划的过程。

计划是管理的基础，要想达到目标，必须编制计划。有目标而无计划，则目标永远只是一种空想；有计划而无目标，则计划必然缺乏行动的方向。如果不经过周密细致的分析，就草率地编制计划，将比较笼统的目标作为行动的指导，那么执行人员就会无所适从。

行动计划的编制是一个复杂的过程，一般来说，编制行动计划需要经历以下几个步骤：

（一）调查研究

调查研究是发现问题，取得第一手资料的有效途径，也是编制行动计划的起点。在行动计划编制前进行的调查研究，主要是调查与实现经济管理目标有关的有利条件和不利条件，找出影响经济管理目标实现的主要矛盾和主要制约因素。做好调查研究工作，行动计划的编制就有了一个良好的基础和开端。

（二）科学预测

科学预测是基于对社会经济现象历史变迁与现状的深入分析，揭示事物发展变化的内在规律，进而预见社会经济发展趋势。在行动计划编制前进行的预测工作比较复杂,应全面覆盖经济、社会及科技等多个领域,兼顾中短期与长期视野,融合定性与定量分析方法。这样的预测能够为行动计划编制提供精准、科学的依据。

(三)拟定方案

在完成调查研究和科学预测后,行动计划编制进入拟定方案阶段。拟定方案阶段的核心任务是明确计划期内的经济管理目标,并设计好实现目标的途径和手段。

需要注意的是,经济管理目标通常不是单一的,因而实现目标的途径和手段也应当是多样化的。再者,影响经济管理目标实现的条件、因素等复杂多样,因而经济管理者应当拟定出几种不同的方案,以供比较和选择。

(四)论证、选择方案

在行动计划编制的最后阶段,从多个精心设计的备选方案中挑选出最优解是一个至关重要的环节。这一过程不仅要求经济管理者具备深厚的专业知识与敏锐的洞察力,还要求经济管理者运用系统化的分析方法对各个方案进行深入的评估与对比。

具体而言,系统化的分析方法涉及对各个方案在不同维度上的权衡,包括但不限于技术可行性、市场需求、资源投入、风险承受能力、环境影响等多个方面。通过量化这些指标,经济管理者可以直观地比较各个方案的优劣,从而避免主观臆断与片面决策。

此外,严谨的逻辑论证是确保方案选择过程科学性的关键。它要求经济管理者依据事实、数据和逻辑推理,对各个方案进行深入剖析,揭示其内在的逻辑关系与因果关系。这一过程有助于经济管理者识别潜在的问题与挑战,并提前制定应对策略,从而增强行动计划的适应性。

第三章 协调发展视角下的宏观经济管理

我国宏观经济管理的任务复杂而艰巨。经济管理者既要学习和借鉴西方现代宏观经济管理的理论经验,又要立足中国国情,研究适合中国实际情况的宏观经济管理理论和方法。

第一节 宏观经济管理的必要性和目标

一、宏观经济管理的必要性

宏观经济管理的必要性主要体现在以下方面:

(一)弥补市场机制的缺陷

市场机制不是万能的,具有内在的缺陷,如自发性、盲目性、滞后性、不稳定性、加剧资源分配不均的分化性,以及在特定经济领域中的失效性。这时就需要通过国家宏观调控来弥补市场机制的缺陷。

（二）维护市场秩序

在社会主义市场经济环境下，确保市场竞争的公平性，是充分发挥市场配置资源优势的关键。若仅依赖市场调节机制，往往会催生市场垄断与过度投机行为，这不仅无法保障市场竞争的公平性，反而可能侵蚀公平竞争的基础，引发市场秩序的混乱。因此，政府在市场经济环境中的角色至关重要，政府通过构建、维护及强化有利于市场经济有序运行的制度框架，实施严格的市场监管措施，来保障市场的公平交易环境，维护市场秩序。

生产社会化所带来的社会分工与协作关系的发展，决定了宏观经济管理的必要性。在高度社会化的大生产条件下，社会分工日益精细化、广泛化，这促使各部门、各地区乃至社会生产的各环节之间的协作与依赖关系变得更加紧密。因此，为了有效协调社会经济活动的方方面面，确保各环节之间的顺畅衔接与高效运行，就要对国民经济进行统一的规划与管理。

随着社会分工与协作关系的持续深化，国民经济活动对宏观经济管理的依赖性也越来越强，凸显了宏观经济管理在现代经济体系中的不可或缺性。

二、宏观经济管理的目标

在协调发展视角下，宏观经济管理的目标具有多维度和综合性的特点，旨在实现经济社会的全面、协调、可持续发展。具体来说，这些目标可以归纳为以下几个方面：

（一）经济增长

经济增长是宏观经济管理的首要目标。具体来说，经济管理者要通过实施有效的宏观经济政策，如货币政策和财政政策，促进总需求的增加和总供给的优化，推动经济持续稳定增长。

在协调发展的视角下，经济增长不仅要追求速度，更要注重质量和效益，要实现经济的高质量发展。

（二）物价稳定

物价稳定是宏观经济管理的重要目标之一。物价稳定有利于保持经济的平稳运行和社会稳定。经济管理者运用货币政策和价格监管等手段，可以控制通货膨胀和通货紧缩的风险，从而维护物价总水平的稳定。

在协调发展视角下，物价稳定要与经济增长、就业改善等目标相协调，不能为了追求物价稳定而牺牲其他重要目标。

（三）就业改善

就业是民生之本，就业改善是宏观经济管理的重要目标。可通过发展经济、创造就业机会、提高劳动力素质等措施，增加就业，促进劳动力市场的稳定发展。

在协调发展视角下，就业改善目标的实现要求注重解决结构性就业矛盾，促进城乡、区域、行业之间的就业均衡，提高就业质量和人民生活水平。

（四）收入分配公平

收入分配公平是宏观经济管理的重要社会目标。经济管理者可通过完善收入分配制度、加强税收调节、提高社会保障水平等措施，缩小收入差距，促进共同富裕。

在协调发展视角下，收入分配公平目标的实现要求注重初次分配和再分配的协调，提高劳动报酬在初次分配中的比重，坚持在经济增长的同时实现居民收入同步增长，在劳动生产率提高的同时实现劳动报酬同步提高，加大再分配调节力度，确保人民共享经济发展的成果。

（五）生态环境可持续发展

生态环境可持续发展是宏观经济管理的长期目标。经济管理者可通过加强环境保护、推动绿色发展、促进资源节约等措施，实现社会的可持续发展。

在协调发展视角下，生态环境可持续发展目标的实现要求注重经济发展与环境保护的协调，推动形成绿色发展方式和生活方式，构建生态文明体系。

（六）区域协调发展

实现区域协调发展是宏观经济管理的重要空间布局目标。实施区域协调发展战略，可推动不同地区之间的经济互动和优势互补，缩小区域发展差距，实现全国范围内的均衡发展。

在协调发展视角下，区域协调发展目标的实现要求注重区域政策的精准性和有效性，加强区域合作和协同发展，推动形成优势互补、高质量发展的区域经济格局。

第二节　协调发展视角下经济发展模式的转变

一、从单一增长到协调发展

传统的经济发展模式往往侧重于经济总量的快速增长，而忽视了区域、产业和社会各方面的协调发展。在协调发展视角下，经济发展模式需要向更加注重质量和效益的方向转变，实现经济、社会、环境的全面协调可持续发展。

在传统的经济发展模式下，国家和地区往往过分追求经济总量的快速增长，忽视了经济、社会、环境之间的平衡关系。这种单一增长模式带来了资源过度消耗、环境污染加剧、社会不公平等一系列问题。在协调发展视角下，经济发展模式逐渐转变，从单纯追求经济总量的增长，转向注重经济、社会、环境的全面协调可持续发展。

协调发展的核心在于平衡。它要求在实现经济增长的同时，兼顾社会公平、环境保护、资源节约等方面。例如，通过优化产业结构，促进产业升级，提高经济发展的质量和效益；通过加强社会保障体系建设，缩小收入差距，促进社会和谐稳定；通过加强生态环境保护，实现经济发展与环境保护的良性循环；等等。这种转变有助于构建更加公正、绿色、可持续的经济发展模式。

长三角地区作为中国经济比较发达的区域，近年来在推动区域协调发展方面取得了显著成效。在实施长三角一体化发展战略的背景下，该区域不仅注重经济增长，还强调区域间的产业协同、基础设施互联互通、生态环境共治等。例如，上海作为长三角地区的龙头城市，通过技术溢出和产业链延伸，带动了周边城市（如苏州、杭州）的产业升级；同时，区域内的交通网络等基础设施建设加速推进，实现了人流、物流、信息流的高效流动。这些措施有力促进了长三角地区的协调发展。

二、创新驱动发展

创新是引领发展的第一动力，也是推动经济转型升级的关键。在协调发展视角下，经济发展模式必须强调创新驱动，通过科技创新、制度创新和管理创新等手段，提升产业竞争力和全要素生产率，推动经济高质量发展。

（一）科技创新

科技创新是推动经济发展的核心动力。通过加大研发投入，加强基础研究和产业化应用，可以不断推动新技术、新产品、新业态的涌现，为经济发展注入新的活力。

（二）制度创新

制度创新也是推动经济发展的重要保障。经济管理者通过深化经济体制改革，完善市场体系，优化营商环境，可以激发市场主体的积极性和创造性，推动经济持续健康发展。

（三）管理创新

管理创新则是提升经济发展效率和质量的关键。经济管理者通过引入先进的管理理念和方法，优化管理流程，提高管理效能，可以推动企业和组织实现更高水平的发展。

深圳作为中国创新发展的标杆城市，其科技创新园区如南山科技园、深圳湾科技生态园等，是实施创新驱动发展战略的生动体现。这些园区聚集了大量高新技术企业、研发机构和创新人才，形成了良好的创新生态。政府通过提供政策支持、资金扶持、创业孵化等服务，促进了企业技术创新和产业升级。同时，园区内的产学研合作机制也加速了科技成果的转化和应用，推动了经济的高质量发展。

三、绿色低碳发展

面对资源约束趋紧、环境污染严重、生态系统退化的严峻形势，经济发展模式必须向绿色低碳转型。绿色低碳发展不仅是应对全球气候变化、保护生态环境的客观要求，也是实现经济可持续发展的必然选择。绿色低碳发展模式具体表现在以下几个方面：

（一）推动能源生产和消费革命

1.发展循环经济

循环经济倡导资源利用的最大化和废弃物排放的最小化。相关措施包括：设计产品时考虑产品全生命周期的环境影响；鼓励企业采用循环再利用材料；建立废旧物品回收与再利用体系，从而减少对自然资源的开采需求，降低环境污染。

2.推广清洁能源

清洁能源可以部分替代化石能源，减少温室气体排放。经济管理者应大力发展太阳能、风能、水能、生物质能等可再生能源，并不断提升其技术水平和经济可行性。此外，要鼓励和支持核能的安全、高效利用，以及氢能等新型清洁能源的研发与应用，逐步构建起多元化、清洁化、低碳化的能源供应体系。

3.加强能源节约与高效利用

提高能源利用效率是减缓能源需求增长、减少碳排放的有效手段。采用先进节能技术，优化能源消费结构，实施能效标准与标识制度，加强能源管理与审计，能够推动工业、建筑、交通等重点领域节能降耗，实现对能源利用的精细化管理和智能化控制。

4.促进绿色低碳技术创新

技术创新是绿色低碳发展的根本动力。经济管理者应鼓励相关机构加大对绿色低碳技术的研发投入，支持关键共性技术、前沿引领技术和颠覆性技术的研发与突破。同时，加快绿色低碳技术的推广应用和成果转化，推动形成绿色低碳技术创新体系。

5.完善绿色低碳政策体系

国家应制定和完善相关法律法规、标准体系、经济政策等，明确政府、企业和公众在绿色低碳发展中的责任和义务。同时，加强政策之间的协调配合，形成推动绿色低碳发展的强大合力。

（二）加强生态环境保护

1.深化污染治理力度

实施更加严格的环境监管政策，加大对工业排放、农业面源污染、城市生活污水及垃圾处理等领域的治理力度。采用先进的污染治理技术，从源头上减少污染物排放，有效遏制环境恶化趋势。

2.推进生态修复工程

针对受损的生态系统，如退化湿地、荒漠化土地、污染河流等，实施一系列生态修复工程。通过植树造林、湿地恢复、河流生态廊道建设等手段，提升生态系统的自我恢复能力，构建生态安全屏障。

3.加速环境保护基础设施建设

加大投资力度，加快构建覆盖城乡的环境保护基础设施网络。具体包括：建设更多污水处理厂、垃圾处理设施、环境监测站点等，提升环境基础设施的承载能力和运行效率。同时，推动环境保护基础设施向智能化、绿色化方向发展，提高资源利用效率，减少二次污染。

4.倡导绿色生活方式

通过教育引导、政策激励等方式，鼓励公众树立绿色、低碳、循环的生活理念。推广绿色出行、节能减排、垃圾分类等环保行为，形成全社会共同参与环境保护的良好氛围。

5.加强环境监管与执法

建立健全环境监管体系，利用现代信息技术手段提升环境监管能力。加大对环境违法行为的惩处力度，严厉打击各类环境犯罪行为，确保各项环保法律法规得到有效执行。

杭州作为中国智慧城市的典范，其城市大脑项目在推动绿色低碳发展方面发挥了重要作用。城市大脑通过大数据、云计算、人工智能等技术手段,实现了对城市运行状态的全面感知和智能分析。在环保领域,城市大脑可以实时监测空气质量、水质状况等环境指标,并根据数据变化智能调整环保措施。例如,当空气质量超标时,城市大脑会自动触发应急响应机制,以减少污染物排放。此外,智慧停车、智慧照明等应用也减少了城市能耗和碳排放。这些措施有效促进了杭州的绿色低碳发展。

第三节 宏观经济管理的策略与措施

一、区域协调发展战略

区域协调发展战略作为宏观经济管理的重要支柱,对于促进区域经济均衡、可持续发展具有深远意义。具体包括以下方面:

(一)优化区域产业布局

根据各地区的资源禀赋、产业基础和比较优势,科学规划区域产业布局。

东部地区应继续利用其在科技创新方面的优势,发挥其在高端制造业和现代服务业等领域的引领作用,推动产业升级和转型。

中西部地区则应依托其丰富的自然资源和劳动力优势,大力发展特色优势产业,如清洁能源开发、矿产资源深加工、现代农业及农产品加工等。

东北地区则应加快老工业基地振兴,推动传统产业转型升级,同时培育新兴产业,重塑工业竞争优势。

（二）加强区域合作与联动

具体表现为：建立跨区域合作机制，推动区域间要素的自由流动和优化配置；加强交通、能源、信息等基础设施的互联互通，构建高效便捷的区域综合交通网络和信息共享平台；深化区域间产业协作，通过产业链、供应链、创新链的深度融合，促进产业协同发展；加强生态环境联防联控和协同治理，共同应对环境污染、生态破坏等挑战，实现绿色发展。

（三）推动区域一体化发展

具体表现为：通过城市群、都市圈等区域空间形态的优化，促进区域经济深度融合；加强中心城市和周边城市的协同发展，推动形成辐射带动能力强的区域增长极；注重城乡融合发展，推动城乡要素自由流动，缩小城乡发展差距，实现城乡共同繁荣。

（四）实施差异化政策扶持

具体表现为：针对不同区域的发展特点和需求，制定具有差异化的政策扶持措施；加大对中西部地区和东北地区的政策支持和资金投入力度，增强其自我发展能力，并通过税收优惠、金融支持、人才引进等手段，吸引各类要素向这些地区集聚；鼓励东部地区对中西部地区开展对口支援和帮扶合作，实现互利共赢。

（五）强化区域协调发展机制

具体表现为：建立健全区域协调发展的长效机制，包括完善区域协调发展规划体系、加强区域协调发展监测评估、建立健全区域利益协调机制等。通过制度建设保障区域协调发展战略的顺利实施，确保各地区在发展过程中能够共享发展机遇、共担发展责任、共创发展成果。

综上所述，区域协调发展是一个系统工程，需要政府、企业的共同努力和协同推进。

二、产业政策

在协调发展视角下，产业政策作为宏观经济管理的重要手段，在产业结构优化和产业转型升级方面发挥了重要的作用。具体的产业政策包括以下几个方面：

（一）支持战略性新兴产业发展

1.政策导向

政府应制定明确的政策，将战略性新兴产业作为重点发展对象，通过财政、税收、金融等多种手段支持战略性新兴产业发展。

2.科技创新

战略性新兴产业往往以科技创新为核心驱动力。因此，产业政策应鼓励企业加大研发投入，推动关键核心技术攻关，加速科技成果产业化。同时，产业政策要鼓励相关部门和单位建立健全科技创新体系，加强产学研合作，促进科技成果的转化和应用。

3.市场培育

产业政策要注重培育有利于战略性新兴产业发展的市场。例如，可以出台相关政策鼓励政府采购战略性新兴产业的产品和服务，或者通过补贴、税收优惠等方式降低消费者购买相关产品和服务的成本，激发市场活力。

（二）推动传统产业转型升级

1.技术改造

传统产业转型升级的核心在于技术改造。产业政策应鼓励企业采用新技术、新工艺、新设备对现有生产流程进行改造升级，提高生产效率和产品质量。

2.绿色发展

在推动传统产业转型升级的过程中，要注重绿色发展。通过政策引导，鼓励企业采用环保技术和环保装备，减少污染排放和资源消耗。同时，要建立完善的环保法律法规体系，加强对企业资源利用和污染物排放的监管。

3.数字化转型

数字化转型是传统产业转型升级的重要方向。产业政策应支持企业开展数字化改造和智能化升级，推动信息技术与传统产业深度融合。

（三）支持现代服务业发展

1.政策支持

政府应出台相关政策支持现代服务业发展，包括财政补贴、税收优惠、融资支持等。同时，要建立健全现代服务业质量标准体系和质量监管体系，提升现代服务业整体发展水平。

2.创新驱动

现代服务业的发展需要创新驱动。政府应鼓励企业加大研发投入，推动服务创新和技术创新。同时，要加强人才的培养和引进工作，为现代服务业提供强有力的人才保障。

3.融合发展

现代服务业与制造业、农业等产业的融合发展是未来经济发展的重要趋势。产业政策应鼓励企业开展跨界合作和融合发展，推动形成新的产业生态和价值链体系。例如，通过实施"两业融合"政策，促进先进制造业与现代服务业的深度融合发展。

综上所述，在协调发展视角下，产业政策应注重结构优化和转型升级。通过支持战略性新兴产业发展、推动传统产业转型升级、支持现代服务业发展等措施，构建现代产业体系，提升产业竞争力，推动经济持续健康发展。

三、财政与货币政策

财政与货币政策作为宏观经济调控的两大支柱，其协同配合对于促进经济稳定增长、优化资源配置、防范经济金融风险具有重要意义。在协调发展视角下，加强财政与货币政策的协同配合，可以从以下几个方面着手：

（一）明确政策目标的一致性

首先，需要确保财政政策和货币政策在宏观经济调控上的目标是一致的，即共同致力于经济增长、物价稳定、就业改善等宏观经济管理目标。明确共同目标，可为政策的协同配合奠定基础。

（二）调整财政支出结构

财政支出应更加注重结构性调整，优先支持创新驱动、绿色发展、民生保障等重点领域。增加财政对公共服务、社会保障、基础设施等领域的投入，能够达到有效刺激总需求的目的。除此之外，还要利用财政和货币政策优化经济结构，促进经济高质量发展。

（三）优化税收制度

税收是财政政策的重要工具。优化税收制度，包括减轻企业税负、完善个人所得税制度、加强税收征管等，这些措施可以增强市场主体的活力，促进投资和消费增长。同时，税收优惠政策还可以引导资源向绿色、低碳、高科技等领域倾斜，从而推动经济高质量发展。

（四）合理控制货币供应量

货币政策主要通过调整货币供应量和利率来影响经济运行。在协调发展视角下，货币政策应关注经济增长的质量和可持续性，避免出现过度宽松或过度紧缩的情况。政府部门要通过综合运用公开市场业务、调整存款准备金率、调整利率等手段，保持货币供应量的合理增长，为经济发展提供稳定的货币金融环境。

（五）加强政策沟通与协调

财政与货币政策的有效协同需要相关部门之间的紧密沟通与协调。建立定期会商机制、打造信息共享平台等，可以加强政策制定和执行过程中的沟通与协作，确保政策目标的一致性和政策措施的有效衔接。

（六）注重风险防范与应对

在协调发展的过程中，对财政与货币政策的合理运用还需要注重防范与应对经济金融风险。财政政策和货币政策应相互配合，加强对金融市场的监管和调控，防范系统性金融风险的发生。相关部门和单位要建立风险预警机制、应急响应机制等，提高应对经济金融风险的能力。

综上所述，财政与货币政策的协同配合是实现宏观经济管理目标、推动经济协调发展的重要手段。通过明确政策目标、调整财政支出结构、优化税收制度、合理控制货币供应量等措施，可以形成政策合力，为经济发展提供稳定的货币金融环境和必要的财力支持。

四、社会政策

社会政策在宏观经济管理中扮演着至关重要的角色，它是确保经济发展成果能够惠及全体人民、促进社会公平正义、维护社会稳定的重要力量。其作用如下：

（一）加强社会保障体系建设

建立健全覆盖全民、城乡统筹、权责清晰、保障适度、可持续的多层次社会保障体系。具体包括：完善养老保险制度，保障老年人的基本生活；加强医疗保障体系建设，提高医疗服务的水平和可及性；完善失业保险和工伤保险制度，为失业和工伤人员提供必要的生活保障和康复支持；发展社会救助和社会福利事业，为低收入群体和特殊困难群体提供兜底保障。

（二）推动教育公平发展

教育是提升国民素质、推动经济高质量发展的关键。为了推动教育公平发展，政府可从以下方面努力：加大对教育的投入力度，优化教育资源配置，推动城乡、区域、校际间教育的均衡发展；实施更加公平的教育政策，确保每个孩子都能享有接受良好教育的机会。

（三）促进就业创业

就业是民生之本，创业是就业之源。政府要实施更加积极的就业政策，加强就业服务体系建设，提高就业服务质量和效率；政府还应加大对创业的支持力度，优化创业环境，降低创业门槛和成本。同时，相关部门和单位应加强职业技能培训，提高劳动者的就业竞争力和适应能力。

（四）加强收入分配调节

合理的收入分配制度是保障社会公平正义、促进经济协调发展的重要基础。政府要完善收入分配制度，提高劳动报酬在初次分配中的比重，健全工资决定机制、合理增长机制和支付保障机制。政府还应加强税收调节和转移支付力度，缩小收入分配差距，维护社会的和谐和稳定。

（五）推进基本公共服务均等化

基本公共服务均等化是保障人民基本生活需求、促进社会公平正义的重要举措。政府要加快推进基本公共服务体系建设，提高基本公共服务供给能力和水平；要加强基本公共服务标准化、均等化建设，确保不同地区、不同群体都能享受到大致均等的基本公共服务。

（六）加强社会治理和公共服务创新

社会治理和公共服务创新是提升社会治理效能、满足人民群众多元化需求的重要途径。政府要加强社会治理体系建设，完善社会治理格局和治理方式，推动公共服务创新，运用现代信息技术手段提高公共服务效率和质量，为人民群众提供更高质量的公共服务。

综上所述，社会政策是实现宏观经济管理目标、促进经济协调发展的重要支撑。通过加强社会保障体系建设、推动教育公平发展、促进就业创业等措施，可以有效增进民生福祉，保障社会和谐稳定，为经济协调发展提供良好的社会基础。

第四节　宏观经济管理的实现路径

一、加强规划引导

制定科学合理的经济发展规划和区域发展规划,明确发展目标、重点任务和保障措施,能为宏观经济管理提供有力指导。政府在加强规划引导时,应注意以下方面:

(一)明确发展目标

首先,基于对当前经济形势的深入分析以及对未来发展趋势的预判,经济管理者要制定清晰、可量化、具有前瞻性的经济发展目标。这些目标应当既符合国家或地区的实际情况,又能激发经济发展潜力,促进经济高质量发展。

(二)科学编制规划

经济发展规划和区域发展规划的编制应当遵循科学、民主、符合法律规定等原则。政府应广泛征求社会各界意见,运用现代经济分析工具和技术手段,确保规划内容的科学性、合理性和可操作性。此外,规划应与国家总体发展战略相衔接,确保地方经济发展与全国经济发展大局相协调。

(三)突出重点任务

在规划中应明确经济发展的重点领域和关键环节,如产业升级、创新驱动、绿色发展、乡村振兴、区域协调等。针对这些重点任务,政府要提出具体的政策措施和实施路径,确保规划目标的顺利实现。

（四）强化保障措施

为确保规划的有效实施，政府应制定一系列保障措施，具体包括财政、金融、土地、人才等方面的政策支持，以及在加强监管、优化营商环境、推动改革创新等方面的制度保障。同时，建立健全规划实施的评估和调整机制，根据实施情况及时对规划进行动态调整和优化。

（五）推动规划落地

加强规划引导的最终目的是推动经济高质量发展。因此，在规划实施过程中，要注重政策配合、部门协同和上下联动，形成推动规划落实的强大合力。同时，要加强对规划实施情况的监督检查和考核评估，确保各项政策措施落到实处、取得实效。

（六）鼓励公众参与

加强规划引导不仅仅是政府的工作，还需要社会各界的广泛参与和支持。政府应通过加强宣传引导、提高公众参与度、建立反馈机制等方式，增强规划的透明度和公信力，激发社会各方面的积极性和创造力，共同推动经济持续健康发展。

二、完善法律法规

在宏观经济管理中，建立健全与协调发展紧密相关的法律法规体系，是维护市场公平竞争、强化执法力度、提升市场监管能力、保障经济有序运行，以及切实维护消费者权益的重要手段。完善的法律法规体系不仅能够为经济活动提供明确的法律指引，还能有效遏制不正当竞争行为，确保市场的健康发展。相关部门和单位应采取如下措施：

（一）建立健全法律法规体系

1.完善经济法律体系

随着经济社会的发展，与经济发展相关的法律法规需要不断调整和完善，如公司法、反不正当竞争法、反垄断法等，以确保经济活动有法可依、有章可循，为经济领域的执法行为提供依据。特别是在新兴领域，如数字经济、互联网金融、生物科技等领域，国家需要及时制定或修订相关法律法规，以应对新的经济形态带来的挑战。

2.强化公平竞争法规

在反不正当竞争、反垄断等方面完善相关法律法规，可以防止市场垄断，遏制不正当竞争行为，从而保护中小企业的合法权益，促进市场公平竞争。

需要指出的是，相关部门要加强对外资企业的监管，确保其在遵守中国法律法规的前提下开展业务，这也是在保护国内企业的利益。

3.加强消费者权益保护

完善消费者权益保护方面的法律法规，如消费者权益保护法、产品质量法等，加强对消费者权益的保护力度。

除此之外，政府还要建立和完善消费者投诉举报机制，及时查处侵害消费者权益的行为，提高消费者满意度和信任度。

（二）加强执法力度和监管能力

1.提高执法效率

其一，加强执法队伍建设，提高执法人员的业务素质和执法能力。

其二，建立健全执法过错责任追究制，确保执法公正、严明。

2.加强市场监管

其一，完善市场监管体系，建立健全市场监管机制，加强对市场主体的监管力度。

其二，对重点领域和关键环节进行重点监管，如食品药品安全、产品质量、环境保护等。

3.利用科技手段

其一，借助大数据、云计算、人工智能等现代信息技术手段，提高监管的智能化水平。

其二，建立和完善市场监测预警系统，及时发现市场中的问题和风险，采取相应的处理方法。

（三）维护市场秩序和消费者权益

1.打击违法违规行为

其一，加大对违法违规行为的查处力度，对严重违法违规行为进行公开曝光和严厉处罚。

其二，加强与司法机关的协作配合，形成打击违法违规行为的合力。

2.促进诚信经营

其一，建立健全企业信用体系，完善信用评价机制，推动企业诚信经营。

其二，对守信企业进行激励和表彰，对失信企业进行联合惩戒和限制。

3.加强消费者教育

其一，开展多种形式的消费者教育活动，提高消费者的维权意识和自我保护能力。

其二，引导消费者理性消费、绿色消费、安全消费。

综上所述，建立健全法律法规体系、加强执法力度和监管能力、维护市场秩序和消费者权益是宏观经济管理中不可或缺的环节。这些措施有利于推动经济的高质量发展和社会的和谐稳定。

三、强化创新驱动

在宏观经济管理中,强化创新驱动是推动经济高质量发展的重要路径。相关部门和单位应从以下方面努力:

(一)加大科技创新投入力度

1.增加财政投入

政府应加大对科技创新的财政支持力度,设立专项基金用于支持关键技术研发、创新平台建设、科技成果转化等。同时,优化财政支出结构,提高财政资金使用效率。

2.引导社会资本投入

通过税收优惠、贷款财政贴息、风险投资引导等政策措施,鼓励社会资本投入科技创新领域。建立多元化的科技创新投融资体系,为科技创新提供资金支持。

3.鼓励企业加大研发投入

鼓励企业加大研发投入,支持企业建立研发机构,开展技术创新和产业升级。对在技术创新方面取得显著成效的企业给予奖励和表彰,激发企业的创新活力。

(二)支持企业技术创新和产业升级

1.推动产学研合作

加强企业与高校、科研院所的合作,促进知识、技术、人才等创新要素的深度融合。通过共建研发平台、联合攻关等方式,推动科技成果的转化和应用。

2.促进产业升级

支持传统产业通过技术改造、产品升级等方式实现转型升级。同时,积极培育战略性新兴产业，推动产业结构的优化升级。

3.加强知识产权保护

完善知识产权保护制度，加大对侵权行为的打击力度。提高企业和个人的知识产权保护意识，营造良好的创新环境。

（三）加强人才培养和引进工作

1.优化教育结构

调整和优化教育结构，推动职业教育发展，加强技能培训，培养更多符合市场需求的高素质技能人才。此外，教育者还要注重培养学生的创新意识和实践能力。

2.引进高端人才

制定吸引高端人才的政策措施，如提供优厚的薪酬待遇、良好的工作环境和生活条件等。通过引进海外高层次创新人才和团队，提升国内企业的科技创新水平。

3.完善人才激励机制

建立健全人才激励机制，对在科技创新和产业升级中作出突出贡献的人才给予奖励和表彰。同时，完善人才评价和晋升体系，为人才成长提供广阔的空间和舞台。

综上所述，强化创新驱动是实现宏观经济管理目标、推动经济协调发展的重要保障。强化创新驱动，可以激发全社会的创新活力，推动经济实现高质量发展。

四、推进绿色发展

推进绿色发展是宏观经济管理的重要任务之一，旨在实现经济发展与环境保护的协同推进。相关部门和单位要从以下方面努力：

（一）完善法律法规，提高执法力度

1.健全环保法律体系

加快制定和完善与环境保护相关的法律法规，确保各项环保工作有法可依、有章可循。重点加强土壤污染防治、生态保护、生物安全、核安全等方面的立法工作。

进一步完善《中华人民共和国环境保护法》，提高违法成本，解决"违法成本低、守法成本高"的问题。

2.提高环保执法力度

强化依法行政意识，加大对环境违法行为的查处力度。对不执行环境影响评价、违反"三同时"制度、超标排污等违法行为进行重点查处。

完善对污染受害者的法律援助机制，构建环境行政公益诉讼制度，保护受害者的合法权益。

（二）加强环保监管

1.建立健全监管体系

建立健全"国家监察、地方监管、企业负责"的环境监管体制，加大对地方政府及有关部门执行环保法律法规情况的监察力度。此外，还要强化中央政府协调解决跨省界环境问题的能力。

2.提升环保监管能力

借助大数据、云计算、人工智能等现代信息技术手段，提高环保监管的智能化水平。建立和完善环境监测网络，实现对环境质量的实时监测和预警。

（三）推动绿色低碳发展

1. 优化能源结构

加大对清洁能源的开发利用力度，提高清洁能源在能源消费中的比重。加快煤炭清洁高效利用技术的研发和推广，减少煤炭消费带来的环境污染。

2. 推广绿色生产方式

鼓励企业采用绿色生产方式，降低能耗，减少废弃物排放。推广循环经济模式，实现资源利用的最大化和废弃物排放的最小化。

3. 倡导绿色生活方式

加强绿色生活理念的宣传力度，提高公众的环保意识和参与度。推广绿色出行、绿色消费等低碳生活方式，减少个人行为对环境的影响。

（四）加强生态环境保护工作

1. 实施重大生态工程

持续推进山水林田湖草沙一体化保护和系统治理，实施一批重大生态工程。加强森林、湿地、草原等生态系统的保护和修复工作。

2. 加强生物多样性保护

完善生物多样性保护制度，加强濒危物种的拯救和保护工作。加强自然保护区、风景名胜区等区域的保护和管理。

3. 推动绿色低碳发展示范区建设

支持有条件的地区建设绿色低碳发展示范区，探索绿色低碳发展的新路径和新模式。通过示范区建设，形成先进经验，带动周边地区乃至全国范围内的绿色低碳发展。

综上所述，推进绿色发展需要政府、企业和公众三方面的共同努力。只有形成合力，才能实现经济发展与环境保护的协同推进。

第四章 协调发展视角下的现代经济管理的微观视角

从本质上说,微观经济学是一门描述和解释微观经济现象的学科,它并不能提供任何现成的结论。以微观视角进行的现代经济管理研究,其研究的对象是单个经济单位的经济行为。单个经济单位主要包括单个消费者、单个生产者、单个市场。微观视角下的现代经济管理研究,不仅能为企业经营管理决策提供许多有益的视角,也能为企业发展提供方向。

第一节 消费者、生产者与市场经济的相关理论

一、消费者理论

(一)消费者行为模型

1.彼得模型

彼得模型俗称轮状模型图,是在消费者行为概念的基础上提出来的。彼得模型包括感知与认知、行为、环境、营销策略四部分内容,可以在一定程度上

解释消费者行为，帮助企业制定营销策略。具体分析如下：

①感知与认知是消费者在面对外部环境中的事物与行为刺激时，心理上可能产生的两种紧密相连但又有所区别的反应。感知是消费者通过感官直接接收并初步处理外界信息的过程。认知则是消费者在感知的基础上，运用已有的知识、经验、态度等心理结构，对外界信息进行解释、分析、综合和评价，从而形成对事物更深层次的理解和判断的过程。简而言之，感知是消费者对信息的接收与初步加工，而认知是消费者对信息的深入理解和综合评估。

②行为，即消费者在做什么。

③环境是指消费者的外部世界中各种自然的、社会的刺激因素的综合体。如政治环境、法律环境、文化环境、自然环境、人口环境等。

④营销策略是指企业为了达成市场目标而精心策划并实施的一系列综合性营销活动。这些活动涵盖了战略层面的规划以及具体的营销策略的运用。消费者的购买行为深受企业营销策略的影响，两者之间存在密切的联系。企业通过巧妙的营销策略，能够引导并激发消费者的购买欲望，进而影响其行为和购买决策。

感知与认知、行为、环境和营销策略四个因素有着本质的联系。感知与认知是消费者的心理活动，这些心理活动在一定程度上会决定消费者的行为。通常来讲，消费者有什么样的心理，就会有什么样的行为。相应地，消费者行为对其感知与认知也会产生重要影响。营销策略和环境也是相互作用的。营销策略会直接成为外在环境的一部分，而外面的大环境也会对营销策略产生影响。感知与认知、行为、环境、营销策略四个因素随着时间的推移会不断地产生交互作用。消费者对环境的把握是企业营销成功的基础，而企业的营销活动又可以改变消费者的行为、感知与认知等。但不可否认，营销策略也会被其他因素所改变。

2.霍金斯模型

霍金斯模型，即消费者决策过程模型，是一个关于消费者心理与行为和营销策略的模型，由美国心理与行为学家霍金斯（D. I. Hawkins）提出。该模型被称为将心理学与营销策略整合的最佳典范。

霍金斯认为，消费者在内外诸多因素的综合影响下，会逐渐形成独特的自我概念和生活方式。这一过程是复杂且动态的，它不仅涉及个人的价值观、信仰、经历，还涉及社会环境、文化背景、家庭影响等外部因素。随着自我概念和生活方式的稳固，消费者会产生一系列与之相应的需要与欲望，这些需求与欲望在很大程度上是通过具体的消费行为来得到满足的。

自我概念是一个人对自身一切的知觉、了解和感受的总和。生活方式是指人如何生活。一般而言，消费者在外部因素和内部因素的共同作用下，首先形成自我概念，其自我概念再进一步折射出自身的生活方式。消费者的自我概念与生活方式受到自身的消费行为和选择的影响；同时，消费者的自我概念与现在的生活方式或追求的生活方式也决定了其消费方式、消费选择与消费行为。

自我概念与生活方式无疑是消费者行为的重要驱动力，它们深刻地影响着消费者的消费偏好和决策过程。然而，值得注意的是，尽管这些内在因素具有强大的影响力，但消费者并非总是完全受其驱使的，有时在做出消费决定时，消费者可能并未充分意识到这些决定与自身生活方式的一致性。发生这种现象的部分原因在于消费者的参与程度。消费者的参与程度指的是消费者在做出消费决策过程中所投入的思考、信息搜索和情感卷入的程度。当消费者的参与程度较低时，他们可能更倾向于依赖直觉、习惯或即时刺激来做出消费选择，而非深思熟虑地评估这些消费选择是否与自己的生活方式相吻合。在这种情况下，消费者就可能做出与其长期生活方式不一致的消费行为，而自身却并未察觉。

此外，外部环境、社会压力等因素也可能干扰消费者的判断。例如，朋友的推荐、促销活动的吸引，或是社交媒体的影响，都可能促使消费者做出冲动的购买决定，这些决定可能与他们一贯的生活方式相悖。

3.刺激-反应模型

（1）刺激-中介-反应模型

刺激-中介-反应模型简称为 S-O-R 模型。S-O-R 模型由梅拉比安（A. Mehrabian）和拉塞尔（J. A. Russell）提出，最初用来解释、分析环境对人类行为的影响，后作为环境心理学理论被引入零售环境中。

在 S-O-R 模型中，任何一位消费者的购买行为，都是消费者自身内在的生理与心理因素，以及外部环境所施加的各种刺激共同作用的结果。消费者做出购买行为的过程可归结为：消费者在各种因素刺激下，产生购买动机，在购买动机的驱使下，做出购买某商品的决策，实施购买行为，再形成购后评价。

（2）科特勒的刺激-反应模型

美国著名市场营销学家科特勒（P. Kotler）教授认为，消费者购买行为模式一般由前后相继的三个部分构成：第一部分主要包括企业内部的营销刺激因素和企业外部的环境刺激因素两大类，这两类因素共同作用于消费者，以期能够引起消费者的注意。第二部分主要包括消费者的特征和消费者决策过程两个中介环节。这两个环节协同作用，对刺激因素进行深入的加工与处理。而加工与处理的结果就是消费者做出的反应，这就是第三部分，是消费者购买行为的实际外化，包括对产品的选择、品牌的选择、经销商的选择、购买时机的选择和购买数量的选择。消费者的这些外部反应是客观的，营销人员能够在实际工作中识别出来。

科特勒的刺激-反应模型清晰地说明了消费者购买行为的一般模式：刺激作用于消费者，经消费者内部的加工与转化，最后使消费者做出各种外部的与产品购买有关的行为。因此，该模式易于被掌握和应用。

（二）消费者行为的影响因素

影响消费者行为的因素主要有两种，分别是个人内在因素与外部环境因素。在此基础上，还可以继续进行细分，将个人内在因素划分为生理因素与心理因素；将外部环境因素划分为自然环境因素和社会环境因素。消费者行为的产生，是消费者个人内在因素与外部环境因素交互作用的结果。消费者个人内在因素与外部环境因素，直接影响和制约消费者行为的方式、指向及强度。

（三）消费者购买决策理论

1.习惯建立理论

习惯建立理论认为，消费者的购买行为实质上是一种习惯建立的过程。习惯建立理论的主要内容如下：

①消费者对商品反复使用，最终产生兴趣。

②消费者对购买某一种商品的"刺激-反应"的巩固程度。

③强化物可以促进消费者习惯性购买行为的形成。任何新行为的建立和形成都必须使用强化物，而且只有通过强化物的反复作用，才能使一种新的行为产生、发展、完善和巩固。

习惯建立理论认为，消费者的购买行为与其对某种商品有关信息的了解程度关联不大，消费者在内在需要的驱动和外在环境的刺激下购买了某商品，并在使用过程中感觉不错（正强化），那么他可能会再次购买并使用该商品。如果消费者多次购买某商品，带来的都是正面的反馈，购买、使用该商品的过程都是愉快的经历，那么在多种因素的影响下，消费者就会逐渐形成一种固定化反应模式，即消费习惯。具有消费习惯的消费者在每次产生消费需要时，首先想到的就是习惯购买的商品，相应的购买行为也就此产生。因此，消费者的购买行为实际上是重复购买并形成习惯的过程，是通过学习逐步建立稳固的条件反射的过程。

从习惯建立理论的角度来看，存在于现实生活中的许多消费行为可以得到解释。消费者按照自身的习惯购入商品，不仅可以最大限度地节省选择商品的精力，还可以避免产生一些不必要的风险。当然，习惯建立理论并不能解释消费者所有的购买行为。

2.效用理论

在经济学中,效用是用来衡量消费者从一组商品和服务之中获得的幸福或者满足的尺度。

效用理论把市场中的消费者描绘成"经济人"或理性的决策者,从而给行为学家很多启示:首先,在商品经济条件下,在有限货币与完全竞争的市场中,效用是决定消费者行为的核心要素。其次,将消费者的心理活动公式化、数量化,能够使人们便于理解。但需要指出的是,消费者有自己的习惯、价值观和知识经验等,受这些因素的限制,消费者很难按照效用最大化的模式去追求最大效益。

3.象征性社会行为理论

象征性社会行为理论认为任何商品都是社会商品,都具有某种特定的社会含义,特别是某些专业性强的商品,其社会含义更明显。消费者选择某一商标的商品,主要依赖于这种商标的商品所象征的意义与自我概念的一致(相似)性。商品作为一种象征,表达了消费者本人或别人的想法。有利于消费者与他人沟通的商品是最可能成为消费者自我象征的商品。

4.认知理论

心理学中的认知主要指的是个体获取、处理、存储、转换、运用和沟通信息或知识的心理过程。认知理论把消费者的消费行为看成一个信息处理过程,这个对商品信息的处理过程就是消费者接受、存储、加工、使用信息的过程,它包括注意、知觉、表象、记忆、思维等一系列认知过程。消费者认知的形成,是引起刺激的情景和自己的思维过程共同作用的结果,同样的刺激、同样的情景,对不同的人往往产生不同的认知效果。认知理论指导企业尽最大努力确保其商品和服务在消费者心中形成良好的认知。

（四）消费者购买决策的影响因素

1.他人态度

他人态度是影响消费者购买决策的重要因素之一。他人态度对消费者购买决策的影响程度，取决于他人反对态度的强度，以及消费者对他人劝告的可接受程度。

2.预期环境因素

消费者购买决策会受到产品价格、产品的预期收益、消费者的收入等因素的影响。这些因素是消费者可以预测的，被称为预期环境因素。

3.非预期环境因素

消费者在做出购买决策过程中，除了受到预期因素影响，还会受到营销人员态度、广告促销效果、购买条件等因素的影响。这些因素难以被消费者预测，被称为非预期环境因素。非预期环境因素往往与企业营销手段有关，因此，在消费者做出购买决策的阶段，营销人员一方面要向消费者提供更多的、详细的商品信息，便于消费者比较优缺点；另一方面，则应通过各种销售服务，营造方便消费者购买的环境，加深消费者对企业及商品的良好印象，促使消费者做出购买本企业商品的决定。

二、生产者理论

生产者理论主要研究生产者的行为规律，即在资源稀缺的条件下，生产者如何通过合理的资源配置，实现利润最大化。广义的生产者理论涉及三个主要问题：第一，生产要素与产量之间的关系；第二，成本与收益的关系；第三，垄断与竞争的关系。下面重点分析第一个问题，即生产者如何通过生产要素与产量的合理组合实现利润最大化。

生产是生产者对各种生产要素进行组合以制成产品的行为。在生产中，生产者要投入各种生产要素并生产出产品，所以，生产也就是把投入变为产出的过程。

生产要素的数量、组合与产量之间的关系可以用生产函数来表现。因此，分析生产者行为规律，必须首先了解生产者、生产函数、生产要素等相关概念。

（一）生产者

生产者即企业，是指能够独立做出生产决策的经济单位。在市场经济条件下，生产者作为理性的"经济人"所追求的生产目标一般是利润最大化。生产者可以采取个人性质、合伙性质和公司性质的经营组织形式。在分析生产者行为的过程中，经济学家经常假设生产者总是试图谋求最大的利润（或最小的亏损）。基于这种假设，可以对生产者所要生产产品的数量和价格做出预测。当然，经济学家普遍认识到，追求利润最大化（或亏损最小化）虽然是驱动生产者从事生产和交易活动的一个重要因素，但它并不是生产者的唯一目标。生产者往往还追求多样化的目标，包括但不限于企业的长期生存与发展，为员工创造安逸的工作环境、提供优厚的薪酬，以及实现社会责任等。此外，准确预测其获得最大利润所需的具体资料也是生产者在生产和交易活动中的目标之一。尽管如此，从长期来看，经济学家一般认为生产者在制定产品的产量和价格时的支配性动机是追求最大利润。即使在实际生活中，生产者并非总是追求利润最大化，但利润最大化依然可以作为一个参考指标，用于衡量生产者其他目标的实现情况。

（二）生产函数

生产者是通过生产活动来实现利润最大化这一目标的。生产是将投入的生产要素转换成有效产品和服务的活动。用数学语言来说，生产某种产品时所投入的生产要素数量与产出数量之间的关系，即为生产函数。

生产者根据生产函数具体规定的技术约束，把投入的生产要素转变为产品。在某一时刻，生产函数是代表给定的投入量所能产出的最大产量，反过来也可以说，它表示支持一定水平的产出量所需要的最小投入量。因此，在经济分析中，严格地说，生产函数是表示生产要素的数量及其某种数量组合与所能生产出来的产品最大产量之间的依存关系，其理论本质在于表现生产者所面对的技术约束。

在形式化分析的许多方面，生产者与消费者是相似的。例如，消费者购买商品，用以产生满足感；生产者购买生产要素，用以生产商品。在消费者理论中有效用函数，在生产者理论中有生产函数。但实际上，在消费者和生产者的分析之间存在着某些实质性的差异。效用函数是主观的，效用并没有一种明确的基数计量方法；生产函数是客观的，投入量和产出量是很容易计量的。理性的消费者在既定的收入条件下使效用最大化；生产者类似的行为是在既定的投入下使产出最大化，但产出最大化并非生产者的目标。要实现利润最大化，生产者还必须考虑随产量变化而发生的成本变动，即必须考虑到成本函数。也就是说，生产者的利润最大化问题既涉及生产的技术方面，也涉及生产的经济方面。生产函数表明投入要素的各种组合情况都具有技术效率。这就是说，如果减少某一种生产要素的投入量，就要增加另一种生产要素的投入量，没有其他生产方式能够在减少生产要素投入总量的情况下得到同样的产量。而技术上无效率的要素组合脱离了生产函数，因为这类组合至少多用了一种生产要素，其他生产要素的投入量则同以前一样，其所生产的产品量却同其他方式一样多。

（三）生产要素

在生产者理论中，生产要素是非常重要的一个概念，生产任何一种产品，都必须利用各种生产要素。

生产要素是指生产活动中所使用的各种经济资源。这些经济资源在物质形态上千差万别，但它们可以归类为四种基本形式：劳动、资本、土地和企业家才能。

劳动是指劳动者所提供的服务，可以分为脑力劳动和体力劳动。

资本是指用来生产商品和服务的资源和财富。资本有多种表现形式，其基本表现形式为物质资本，如厂房、设备、原材料等。另外，资本还包括货币资本（流动资金、票据和有价证券）、无形资本（商标、专利和专有技术）和人力资本。

土地是指生产中所使用的，以土地为主要代表的各种自然资源，它是自然界中本来就存在的。如土地、水、原始森林、各类矿藏等。

企业家才能是指企业所有者或经营者所具有的管理、组织和协调生产活动的能力。在生产过程中，企业家需要对劳动、资本和土地进行配置。企业家的基本职责是组织生产、销售产品和承担风险。

三、市场经济理论

（一）市场

市场是商品经济的范畴。哪里有商品，哪里就有市场。但对"什么是市场"这一问题，人们却有多种理解。开始，人们把市场看作商品交换的场所，如农贸市场、小商品市场等。但随着商品经济的发展，市场范围扩大，人们认识到，市场不一定是商品交换的场所，哪里存在商品交换关系，哪里就存在市场。可见，市场不是指商品和劳务集散的场所，而是指由商品交换联结起来的人与人之间的各种经济关系的总和。

市场由三个要素构成：一是市场主体，即自主经营、自负盈亏的独立的经济法人，包括从事商品和劳务交易的企业、集团和个人。二是市场客体，指通过市场进行交换的有形或无形的产品、现实存在的产品或未来才存在的产品。三是市场中介，指联结市场各主体之间的有形或无形的媒介与桥梁。市场中介包括联系生产者之间、消费者之间、生产者与消费者之间、同类生产者和不同类生产者之间、同类消费者与不同类消费者之间的媒介。在市场经济中，价格、竞争、市场信息、交易中介人、交易裁判和仲裁机关等都是市场中介。市场的规模和发育程度集中反映了市场经济的发展水平和发育程度。因此，在发展市场经济过程中，国家必须积极培育市场。

（二）市场经济的内涵

简而言之，市场经济就是通过市场机制来配置资源的经济运行方式。在任何社会制度下，人们都必须从事以产品和劳务为核心的经济活动，而在进行经济活动时，人们首先要解决以何种方式配置资源的问题。这种资源配置方式，就是通常所说的经济运行方式。由于配置资源的主要手段不同，人们把经济运行方式分为计划与市场两种形式。前者指采用计划方式来配置资源，被称为计划经济；后者指以市场方式来配置资源，被称为市场经济。可见，市场经济不是一种社会制度，而是经济活动的资源配置方式，无论在资本主义制度下还是在社会主义制度下，都可以使用市场来配置资源。

虽然市场经济是随着现代化大生产和资本主义生产方式的产生而产生的，但它并不是由资本主义制度所决定的。市场经济的形成与发展直接决定于商品经济的发达程度。迄今为止，商品经济发展经历了简单商品经济、扩大的商品经济和发达的商品经济三个阶段。在商品经济演进至扩大的商品经济阶段之后，市场经济的形成与发展才具备了充分条件。因为在这个阶段，不仅大部分产品已经实现了商品化，而且这种商品化范围还扩大到生产要素领域。这时，市场机制成为资源配置的主要手段。也就是说，在这个阶段，经济活动中的四个基本问题，即生产什么、如何生产、为谁生产和由谁决策，都是依靠市场的力量来解决的。由此可见，市场经济是一种区别于社会制度的资源配置方式，即经济运行方式。

（三）市场经济的运转条件

①要有一定数量的产权明晰的、组织结构完整的企业。

②要有完备的市场体系，市场体系是社会经济活动和交往的枢纽。

③要有完整的价格信号体系，能够迅速、准确地反映市场供求的变化。

④要有完善的规章制度，既要有规范各种基本经济关系的法规，又要有确定市场运作规则的法规，还要有规范特定方面经济行为的单行法规。

⑤要有发达的市场中介服务组织，如信息服务业行业协会、会计师事务所、律师事务所等。

（四）市场经济的特征

市场经济的特征可以归结为以下几个方面：

①市场对资源配置起决定性作用。这里的资源包括人力、物力、财力等经济资源。

②市场体系得到充分发展，不仅有众多的买者和卖者，而且有一个完整的、全国统一开放的市场。

③从事经营活动的企业，是独立自主、自负盈亏的经济实体，是市场主体。

④社会主要利用市场所提供的各种经济信号和市场信息调节资源的流动和社会生产的比例。

⑤在统一的市场规则下，形成一定的市场秩序。社会生产、分配、流通和消费在市场中枢的联系和调节下，形成有序的社会再生产网络。

⑥政府依据市场经济运行规律，对经济实行必要的宏观调控，运用经济政策、经济法规、计划指导和必要的行政手段引导市场经济的发展。

（五）市场经济体制

1.市场经济体制的内涵

市场经济体制是市场在资源配置中起决定性作用的经济体制。市场经济体制建立在高度发达的商品经济基础上，市场起主导作用，政府只能作为经济运行的调节者。在市场经济体制下，生产什么取决于消费者的需求（市场需求），生产多少取决于消费者的支付能力；经济决策是分散的，作为决策主体的消费者和生产者在经济和法律上的地位是平等的，不存在人身依附和超经济强制关系；信息是通过消费者和生产者之间的横向渠道传递的；经济动力来自对物质利益的追求，分散的决策主体在谋求各自利益的过程中彼此展开竞争，决策的协调主要是在事后通过市场来进行的，整个资源配置过程都是以市场机制为基础的。

2.市场经济体制的特征

凡是较为完善的市场经济体制，从宏观上讲都具有以下特征：①多种所有制形式并存；②市场机制、法制监督、社会保障有机统一；③分散决策与集中决策相互依存；④政府实行必要的宏观调控。

从微观上讲，市场经济体制具有以下特征：①一切经济活动都直接或间接地处于市场关系之中，市场机制是推动生产要素流动和促进资源优化配置的基本运行机制；②所有企业都具有进行商品生产经营所应拥有的全部权力，能够自觉地面向市场，自主地开展生产经营活动；③政府部门不直接干预企业生产和经营的具体事务，而是通过各项经济政策、法规等调节和规范企业的经营活动；④所有生产、经营活动都按照完整的法规体系来进行，整个经济运行有比较完善的法制基础。

（六）社会主义市场经济体制

1.社会主义市场经济体制的含义和特征

通常情况下，经济制度是相对稳定的，经济制度是否需要变革，取决于生产力与生产关系基本矛盾的状况。同一种经济制度可以选择不同的经济体制。

市场经济作为一种资源配置的手段和经济运行的方式，可以存在于不同的社会制度下。所谓社会主义市场经济体制，就是在社会主义国家宏观调控下使市场在资源配置中发挥决定性作用的经济体制。它与社会主义基本制度紧密结合在一起，因此，除了具有市场经济体制的共性外，社会主义市场经济体制还具有自己的特征，具体如下：

第一，在所有制结构上，以公有制为主体，多种所有制经济共同发展。在社会主义条件下，公有制经济不仅包括国有经济和集体经济，还包括混合所有制经济中的国有成分和集体成分。公有制实现形式可以而且应当多样化。一切反映社会化生产规律的经营方式和组织形式都可以大胆利用。

第二，在分配制度上，实行以按劳分配为主体、多种分配方式并存的分配制度。把按劳分配和按生产要素分配结合起来，正确处理效率和公平的关系，既要提高效率，又要促进公平，有利于优化资源配置，促进经济发展，保持社会稳定。

第三，在宏观调控上，把人民的眼前利益与长远利益、局部利益和整体利益结合起来，更好地发挥计划和市场两种手段的长处。

2.社会主义市场经济存在的原因

（1）从生产力角度看

商品经济的发展历史已经证明，不论什么社会形态，商品生产的存在和发展都是以社会分工为前提的。社会主义社会虽然可以消除旧式分工所造成的种种对抗性矛盾，但是不可能消灭社会分工，因此不同部门之间、经济单位之间以及劳动者个人之间，必然要相互交换各自的劳动产品。

（2）从生产关系角度看

从社会经济关系的角度来看，市场经济是一种以社会分工和生产者存在自身物质利益差别为条件，直接以交换为目的的经济形式。社会分工决定了经济主体之间进行商品交换的必要性；物质利益差别则决定了经济主体之间的商品交换必须按照等价补偿和等价交换的原则进行。社会分工是市场经济存在的一般条件，物质利益差别是社会主义市场经济存在的根本原因。

第二节 市场需求分析

一、需求的含义

需求是经济学最常用的术语之一。需求作为市场经济运行的主要力量，直接影响着每种商品的产量及出售的价格。市场价格在资源配置的过程中发挥着重要作用，既决定着商品的分配，又引导着资源的流向。

需求是指消费者在某一特定时期内，在某一价格水平条件下，愿意而且能够购买的商品量。消费者的购买愿望和支付能力，共同构成了需求，缺少任何一个条件都不能成为有效需求。

二、需求表与需求曲线

需求最基本的表示方式是需求表和需求曲线，它们直接表示价格与需求量之间的基本关系。

（一）需求表

需求表是表示在不影响消费者购买行为的情况下，每一价格水平与消费者在该价格水平条件下形成的需求量之间关系的表格。需求表以数字表格的形式来说明需求这个概念，它反映出在不同价格水平条件下消费者对该商品或货物的需求量。

（二）需求曲线

需求曲线是表示一种商品价格和需求量之间关系的图形，它的横坐标表示的是需求量，纵坐标表示的是商品价格。通常，需求曲线是向右下方倾斜的，即需求曲线的斜率为负，这反映出商品的需求和价格之间是负相关关系。

三、需求函数与需求定理

（一）需求函数

影响需求的因素是多种多样的，有些因素主要影响需求欲望（如消费者偏好和消费者对未来价格的预期），有些因素主要影响需求能力（如消费者收入水平）。这些因素共同决定了需求。

如果将影响需求的各种因素作为自变量，把需求作为因变量，则可以用函数关系表示需求与影响需求的因素之间的关系，这种函数关系称为需求函数。若以 D 代表某种商品的需求，P 代表商品自身的价格，P_f 代表相关商品的价格，Y 代表收入，T 代表消费偏好，P_e 代表消费者价格预期，Y_e 代表消费者收入预期，则需求函数可以写为：

$$D=f(P, P_f, Y, T, P_e, Y_e)$$

假设其他条件不变，只考虑需求量与价格之间的关系，把商品自身的价格作为影响需求的唯一因素，以 P 代表价格，就可以把需求函数写为

$$D=f(P)=a-bP$$

式中，常数 a 表示当 $P=0$ 时的需求量；$-b$ 为斜率，表示当 P 发生微小变化时引起需求 D 的反方向变化。

（二）需求定理

从需求表和需求曲线可以得出，商品的需求量与其价格是呈反方向变动的。这种关系对经济生活中大部分商品是适用的，因此，经济学家称之为需求定理。

需求定理的基本内容是：在其他条件不变的情况下，消费者对某种商品的需求量与商品价格呈反方向变动，即需求量随着商品本身价格的上升而减少，随着商品本身价格的下降而增加。

四、影响需求的因素

除了价格因素，还有许多因素会影响需求并使之发生变化。其中，比较重要的影响因素如下：

（一）相关商品的价格

相关商品是指与所讨论的商品有替代或者互补关系的商品。

在其他条件不变时，如果一种商品价格下降引起该商品需求增加，而另一种商品的需求量减少，那么这两种商品互为替代品。互为替代品的商品之间的关系是：一种商品价格上升，将引起替代品需求增加。

在其他条件不变时，如果一种商品价格下降引起该商品需求增加，并且另一种商品的需求量也增加，那么这两种商品之间则是互补关系。两种商品之间的互补关系表现为：一种商品的价格上升，将引起互补商品需求量减少。

（二）消费者偏好

决定需求的另一个明显因素是消费者偏好。消费者一般更乐于购买能满足个人偏好的商品。人们的偏好会受很多因素的影响，如广告、从众心理等。

当人们的消费偏好发生变化时,相应地,其对不同商品的需求也会发生变化。

(三)消费者预期

消费者对一种商品或服务的未来价格的预期也会影响其当前对商品或服务的需求。对某一商品来说,消费者认为其价格未来会发生变化,若预期结果是涨价,消费者会增加购入数量;若预期结果是降价,那么消费者会减少当前的购入数量。

(四)消费者数量

消费者数量的多少是影响商品需求量的关键因素之一。当消费者数量增加时,其对各类商品和服务的需求也有所增加。因为更多的消费者意味着更强的购买力,他们各自的需求汇总起来,就会促使市场上商品的总需求量上升。例如,人口密集的城市对食品、住房、交通、娱乐等商品和服务的需求量往往高于人口稀少的地区。

反之,如果消费者数量减少,就会使得商品的需求量相应减少。因为较少的消费者意味着总体购买力和消费需求的降低,这将直接影响到市场上商品的销量。在这种情况下,企业可能需要调整营销策略,寻找新的机会,或者通过优化产品、降低成本等方式来应对需求减少的挑战。

五、需求量的变动与需求曲线的变动

在经济分析中,要注意区分需求量的变动与需求曲线的变动。

需求量的变动是指在其他条件不变的情况下,商品本身价格变动所引起的商品需求量的变动。需求量的变动表现为同一条需求曲线上点的移动。

需求曲线的变动是指在商品本身价格不变的情况下,其他因素变动所引起的商品需求曲线整体的变动。需求曲线的变动表现为需求曲线的平行移动。

在需求曲线的分析中，当影响消费者需求的外部因素发生变化时，即发生需求的变动时，这种变动会直观地反映为需求曲线的移动。具体而言，在某种商品的既定价格下，如果消费者的需求减少，那么需求曲线会向左移动，表示在同一价格水平上，消费者愿意购买的商品数量减少；如果消费者对商品的需求增加，那么需求曲线会向右移动，表示在同一价格点上，消费者愿意购买的商品数量增加。简而言之，在商品价格不变的情况下，需求曲线的右移代表了需求的增加，而左移则代表了需求的减少。这样的移动直观地展示了市场需求随外部条件变化而调整的情况。

第三节　市场供给分析

一、供给的含义

供给是指在某一特定时期内，在某一价格水平条件下，生产者愿意而且能够提供的商品量。供给是生产愿望和生产能力的统一，缺少任何一个条件都不能成为有效供给。也就是说，供给是生产者根据其生产愿望和生产能力决定提供的商品数量。相关研究者通常用供给表、供给曲线和供给函数三种形式来表述供给。

二、供给表与供给曲线

供给表是表示在影响商品供给的众多条件中,仅有价格因素变动的情况下,商品供给量与价格之间关系的表格。

根据供给表所绘制的曲线就是供给曲线。供给曲线是表示一种商品供给量和价格之间关系的图形。在供给曲线所在坐标轴中,横坐标表示的是供给量,纵坐标表示的是价格。一般来说,供给曲线向右上方倾斜,表明商品的供给量和价格之间是正相关的关系。

供给曲线上的点表示的经济含义如下:

①在给定的价格水平上,生产者愿意提供的最大商品数量。

②对于给定的具体商品数量,生产者愿意索取的最低价格。

三、供给函数

供给函数是以代数表达式的形式表示商品供给量和价格之间关系的函数。最简单意义上的供给函数,是将价格(P)作为自变量,需求量(S)作为因变量,供给函数关系如下:

$$S=c+dP$$

其中,c、d 为常数,c 代表的是 $P=0$ 时,供给方也愿意提供的商品或服务的数量,d 表示供给方对价格变动的敏感度,即价格每增加一个单位,供给方愿意增加的商品或服务的数量。

四、供给定理

从供给表、供给曲线和供给函数中可以得出，某种商品的供给量与其价格呈现出同方向变动的规律。供给量与价格之间的这种关系对经济活动中的大部分物品是适用的，因此，经济学家称之为供给定理。

供给定理的基本内容是：在其他条件相同时，某种商品的供给量与价格呈现出同方向变动，即供给量随着商品本身价格的上升而增加，随着商品本身价格的下降而减少。

五、影响供给的因素

在经济活动中，有许多因素能够影响商品的供给，并导致供给曲线发生移动。以下因素尤为重要：

（一）生产要素价格

为了生产某种商品，生产者要购买和使用各种生产要素，如设备、厂房、原材料等。当这些生产要素中的一种或几种价格上升时，生产某种商品的成本就会上升，生产者利用原有投入的资金，将会提供相对较少的商品。如若生产要素价格大幅度上涨，生产者则会停止生产，不再供给该商品。由此可见，一种商品的供给量与生产该商品的要素价格呈负相关。

（二）生产技术

在资源既定的条件下，生产技术的提高会使资源得到更充分的利用，从而使供给量增加。生产加工过程的机械化、自动化将减少生产某种商品所必需的劳动量，进而减少生产者的生产成本，增加商品的供给量。

（三）相关商品的价格

对于存在互补关系的两种商品，一种商品价格上升，人们对该商品的需求减少，对另一种商品的需求也减少，供给量将随之减少。可见，商品的供给量与互补品的价格之间呈负相关。

对于互为替代品的两种商品，一种商品价格上升，人们对该商品的需求减少，对另一种商品的需求增加，供给量将随之增加。可见，商品的供给量与替代品的价格之间呈正相关。

（四）企业预期

企业当前的商品供给量受到企业对未来预期的影响。企业预测未来某种商品的价格会上升时，就会把当前生产的商品储存起来，而减少当前的市场供给量。

（五）生产者的数量

商品的供给量一般和生产者的数量之间呈正相关，即如果新的生产者进入某种商品市场，那么市场上该商品的供给量就会增加。

六、供给量的变动与供给曲线的变动

与市场需求分析相同，在市场供给分析中，除了要明确供给量的变动，还要注意区分供给量的变动与供给曲线的变动。

（一）供给量的变动

供给量的变动是指在其他条件不变的情况下，商品本身价格变动所引起的商品供给量的变动。供给量的变动表现为同一条供给曲线上点的移动。

当影响生产者生产决策的其他因素不变时，在任何一种既定的价格水平上，生产者提供相对应的商品数量。商品价格的变化会直接导致商品供给量的变化，这种现象在经济学中被称为供给量的变动。

（二）供给曲线的变动

供给曲线的变动是指在商品本身价格不变的情况下，其他因素变动所引起的商品供给量的变动。供给曲线的变动直观地反映为供给曲线的平行移动。具体来说，如果其他因素导致生产者在任何价格水平上都愿意增加供给，则供给曲线向右移动（表示供给增加）；反之，如果其他因素导致生产者在任何价格水平上都减少供给，则供给曲线向左移动（表示供给减少）。

第四节　市场均衡与政府干预

一、市场均衡

市场上，商品的需求和供给主要是通过价格调节的。围绕着这一主题，下文首先分析需求曲线和供给曲线如何共同决定均衡价格和均衡产量（在均衡价格条件下的需求量和供给量）；其次，探讨在市场处于均衡状态时社会总剩余达到最大的原因，以及消费者和生产者之间的竞价如何促使市场从非均衡状态向均衡状态调整；最后，简要介绍一般均衡理论，并讨论市场中的非价格机制。

（一）均衡价格

1.均衡的定义

在经济学中，均衡分析理论作为一种核心工具，已历经一个多世纪的实践与发展，至今仍保持着强大的解释力与预测能力。这一理论源自物理学，物理学家曾用它来分析不同力量之间如何相互作用，直至整个系统达到一种稳定的、不再自发改变的状态，即均衡状态。当这一概念被引入经济学领域，市场便成为均衡分析的主要舞台。在市场中，供给与需求被视为推动经济体系运行的两大基本力量。供给代表了生产者愿意且能够提供的商品或服务的数量，而需求则反映了消费者愿意且有能力购买的商品或服务的数量。当这两种力量在市场上达到一种动态的平衡，即供给量恰好等于需求量时，市场便处于均衡状态。

在均衡状态下，市场既没有过剩的供给导致商品积压，也没有因需求不足而引发的短缺。这种平衡不仅有助于资源的有效配置，还能为生产者提供生产决策的参考依据，同时也能为消费者提供价格信号。

2.市场均衡的核心

市场均衡就是供给和需求的平衡状态。价格是市场均衡的核心，需求和供给都受价格影响。但需求和供给对价格变动做出反应的方向不同：需求量随着价格的下跌而增加，供给量随着价格的上升而增加。因此，需求量和供给量不可能在任何价格下都相等。但需求量和供给量对价格变动做出的不同方向的反应意味着，使需求量和供给量相等的价格是存在的。

3.均衡价格的定义

均衡价格是经济学中的一个核心概念，它指的是在市场中，当商品或服务的需求量等于供给量时，由需求曲线和供给曲线的交点所决定的价格水平。这个交点代表市场达到了一种平衡状态，即市场既没有过剩的供给也没有未满足的需求。

(1) 供给曲线与生产者的边际成本曲线重合

在完全竞争市场中，企业的供给曲线通常与其边际成本曲线重合。这是因为从长期的角度看，企业可以自由进入或退出市场，且可以调整其生产规模以达到最优生产点。在这个点上，企业的边际成本等于边际收益（在完全竞争市场中，边际收益等于市场价格），从而实现利润最大化。因此，长期供给曲线反映了企业在最优生产规模下的边际成本。

(2) 需求曲线与消费者的边际效用曲线重合

需求曲线表示在不同价格水平上消费者愿意购买的商品数量。而消费者的边际效用曲线则反映了消费者每增加一单位商品消费所获得的额外满足感（即边际效用）。当消费者开始消费某种商品时，他们首先满足的是最迫切、最重要的需求，此时他们愿意为这种商品支付较高的价格。然而，随着消费量的增加，这些最迫切的需求逐渐被满足，剩余的需求变得不那么迫切。因此，对于额外的商品单位，消费者愿意支付的价格就会降低。换句话说，随着商品消费量的增加，每增加一单位商品消费给消费者带来的额外满足感（即边际效用）在减少，所以消费者愿意支付的价格也在减少。由于消费者愿意支付的价格反映了他们对商品的边际效用评价，因此需求曲线与消费者的边际效用曲线在逻辑上是重合的。

(3) 实现有效交易的区间

有效率的交易往往发生在消费者愿意支付的价格与生产者愿意接受的最低价格相重合或消费者出价更高的情况下。具体而言，如果消费者对一件商品的最高出价仅为 10 元，而生产者出于成本或利润考虑而设定的最低接受价格为 12 元，那么由于价格无法达成一致，这笔交易自然无法达成。因此，真正能够实现有效交易的区间，实际上位于市场均衡点的左侧，也就是需求曲线高于供给曲线的区域。在这个区域内，消费者的支付意愿高于生产者的成本加合理利润期望，从而促使交易得以顺利进行，实现资源的有效配置。

4.市场均衡状态下的总剩余

在经济学中，交换带来的社会福利增加总额被称为总剩余。总剩余包括两部分：一部分是消费者剩余，另一部分是生产者剩余。消费者剩余是指消费者在购买一定数量的商品时，愿意支付的最高价格与实际支付价格之间的差额。这个差额代表了消费者从交易中获得的额外满足或福利。生产者剩余是指生产者出售一定数量的商品所获得的收益与其愿意接受的最小收益（即边际成本）之间的差额。

市场处于均衡状态时，总剩余才能达到最大，此时的市场效率是最大的。如果市场状态处于均衡状态的左侧，有一部分商品价值就没有办法实现；如果市场状态处于均衡状态的右侧，消费者愿意支付的价格小于生产者愿意接受的最低价格，就会出现亏损，导致社会福利的损失。所以均衡本身对应的是经济学上讲的"最大效率"，偏离均衡状态就会导致市场效率损失。当然，在现实生活中，市场效率不可能总是达到最大效率这种状态。

（二）均衡点的变化和调整

不管是供给曲线还是需求曲线，其变动均会受到很多因素的影响，并且这些影响因素是随时间变化的。影响需求曲线变动的因素有：消费者的偏好、收入，替代品和互补品的价格，或者其他制度性的、文化的因素。影响供给曲线变动的因素有：生产技术水平、生产要素价格、生产要素供给量等。因此，均衡点也随时间变化而变化，价格和供求的调整过程是动态的。

从动态角度看，市场总是处于非均衡状态。现实中的市场价格总是和理论上的均衡价格不完全一样，但市场价格总是围绕随时间变化的均衡点不断调整。这就是均衡分析的意义所在。

市场经济中的均衡点变化与调整过程并不是抽象的、非人格化的。实际上，这一变化与调整过程深深植根于企业家的智慧和行动之中。作为敏锐洞察未来趋势、勇于发现市场不均衡状态，并积极组织生产、推动创新的关键角色，企业家是市场经济动态调整与持续发展的核心驱动力。

诚然，市场均衡是一个理想化的状态，它描述了在特定条件下供需双方力量达到平衡时的价格与数量关系。然而,在现实中,市场总是处于不断变化之中,受到各种内外因素的影响,而正是企业家的作用,使得市场状态能够迅速调整至新的均衡状态。当然,企业家并非总是能够做出正确的决策。他们也会犯错误,会面临失败和挫折。但是,正是这种试错和学习的过程,使得企业家能够不断积累经验、提高能力,从而更好地适应市场的变化。同时,市场机制本身也具有一定的容错能力,能够通过价格信号、竞争机制等手段,对企业家的行为进行引导和约束,确保市场的有序运行。

(三)非均衡状态及其调整

1.非均衡状态

非均衡状态可以划分为两类,分别是实际价格低于均衡价格、实际价格高于均衡价格。通常情况下,当实际价格低于均衡价格时,消费者愿意购买的商品数量大于生产者愿意出售的商品数量,这就出现了供不应求的现象;当实际价格高于均衡价格时,消费者愿意购买的商品数量小于生产者愿意出售的商品数量,这就出现了供过于求的现象。无论哪种情况,都有一方的意愿不能实现,从而导致市场效率损失。

为什么会出现非均衡状态?最根本的原因是,现实市场中的信息是不完全的,而在传统的教科书中,通常假定市场信息是完全的,每个人都知道供求曲线及其交点的位置。在这个假设下,不会有非均衡状态,这与现实是有出入的。市场通常由若干消费者和生产者组成,他们当中每一个个体的决策都会影响整个市场,但没人知道市场的需求曲线和供给曲线具体是什么形状,消费者甚至连自己的需求曲线都画不出来,生产者也画不出自己的供给曲线,更没有人能准确知道其他人的需求曲线和供给曲线,因此,没有人确知均衡点究竟在哪里。实际交易中出现的非均衡状态就是在这种情况下发生的。

尽管出于自身利益的考虑,消费者会寻找合适的卖方,生产者也会寻找合适的买方,并希望获得对自己最有利的交易条件,但这又会带来实际交易成本和等待的成本。因此，实际交易不可能从均衡价格开始。

非均衡状态往往隐含着消费者或生产者的"后悔"情绪。在消费场景中，当消费者以当时的市场价格购买了某商品后，若该商品价格出现下调，消费者往往会意识到自己支付的价格高于后续的市场水平，这种认知便形成了一种"后悔"感。这种情境下的实际支付价格，相较于后续的市场价格而言，便成了所谓的"非均衡价格"。

类似地，在生产领域，当生产者以当时的市场价格将某商品售出后，若市场上该商品的价格攀升，生产者也会感到后悔。这种感受，同样是市场非均衡状态在个体经济行为者心理上的一种反映。

2.现实交易向均衡状态的调整

尽管现实市场不可能处于均衡状态，但现实交易总是有从非均衡状态向均衡状态调整的趋势。这种调整是消费者之间、生产者之间竞争的结果。

首先考虑市场价格低于均衡价格的情况。假设由于某种原因，企业预期的价格低于均衡价格，此时，市场上供给的商品数量将少于消费者愿意购买的数量。当一部分消费者发现自己的购买意愿难以实现时，他们就愿意支付更高的价格；与此同时，企业也会提高商品价格。随着商品价格的上升，一方面，有些消费者会减少自己的需求，有些消费者甚至会完全退出市场；另一方面，生产者会调整自己的预期，使商品的供给量随着价格上升而增加。如此这般，只要供给小于需求，价格就会向上调整，需求量慢慢减少，供给量慢慢增加，直到均衡为止。

其次考虑市场价格高于均衡价格的情况。当市场价格高于均衡价格时，生产者倾向于增加产量以获取更高的利润。然而，这一增产行为往往超出了市场的实际需求，导致部分商品生产出来后销售困难，出现供过于求的局面。为了缓解库存压力，部分生产者不得不选择降价销售，以吸引消费者并清理库存。随着价格的逐渐下降，生产者开始调整其生产计划，减少产量以应对市场需求的变化。在这一过程中，一些原本生产能力较弱的生产者可能会退出市场，从而进一步减少了市场的总供给量。与此同时，随着商品价格的走低，越来越多的潜在消费者被吸引进入市场，他们对商品的需求量开始增加。这种需求增长与供给减少的趋势相互作用，推动市场价格继续向均衡点靠近。

每当市场价格稍高于均衡点时，就会刺激供给增加而需求相对减少，导致价格再次下降；反之，当市场价格稍低于均衡点时，需求会增加而供给会减少，促使价格回升。如此循环往复，只要市场上存在供给大于需求的情况，价格就会持续向下调整，同时需求量逐步增加，供给量相应减少。这一过程将一直持续，直到市场价格与均衡价格相同，此时供给量与需求量相等，市场达到均衡状态。

（四）一般均衡与市场的非价格机制

1.一般均衡

前面讲的单一产品市场的均衡是局部均衡。一般均衡（也称总体均衡）是指所有市场同时达到均衡的状态。这里的市场不仅包括产品市场，还包括劳动力市场和资本市场。此处主要分析产品市场的一般均衡：

（1）一般均衡的定义

所有产品的需求量等于供给量，即市场实现了一般均衡。或者说，一般均衡就是消费者的总支出等于生产者的总收入（现实中，消费者的收入是通过要素价格的形式获得的）。

（2）一般均衡的基本特征

在一般均衡状态下，所有消费者都能够在其预算内做出最优的消费选择，以达到个人效用最大化的目标；所有生产者也都能在给定的资源和技术条件下，确定能够为其带来最大利润的产量水平；所有的产品市场都出清，即所有的市场都达到供求平衡；所有消费者都能买到自己想买的产品，所有生产者都能卖出自己计划生产的产品。

（3）达到一般均衡应满足的核心条件

在一般均衡状态下，产品市场应满足的核心条件是所有产品的供需实现精确平衡。当某种产品出现过剩时，并不意味着其价格会直接降至零，因为实际市场价格通常不会如此极端。相反，价格会经历一个动态调整过程，逐步下降到一个新的水平，直至该价格能够促使供给量与需求量重新相等。这一调整后的价格水平，实际上反映了在当前市场条件下消费者对该产品边际效用评价的相对降低。

（4）一般均衡理论的意义

从理论角度来看，一般均衡状态无疑是非常完美的，它体现了市场机制在资源配置中的高效。然而，现实经济环境远比理论模型复杂得多，存在诸多不确定性和干扰因素，使得市场难以维持在一般均衡状态。尽管如此，一般均衡理论仍然是很有意义的：

第一，它为相关研究者分析市场提供了一个参照系。

第二，它有助于相关研究者分析政策的直接和间接效果。

在一个错综复杂的经济体系中，任何单一商品市场价格的微小变动，都会如同投入湖面的石子，不仅能激起该商品自身供需波动的涟漪，还会引发连锁反应，波及其他商品的需求与供给，乃至引起劳动力市场、土地市场等关键要素市场的变动。这种"牵一发而动全身"的现象，正是经济系统内在关联性的生动体现。

一般均衡模型凭借其全面的视角，能够将这些直接或间接的经济效应纳入考量范畴，从而深刻剖析任一变量变动对整个经济体系产生的总体影响。以政府征税为例，为了全面评估税收政策的实际效果，研究者不仅要关注它如何直接作用于被征税商品的供需与价格，还需洞察这一政策如何间接地影响其他商品与生产要素市场的微妙平衡。只有这样，研究者才能形成对税收政策总体影响的全面而准确的认知。

然而，鉴于一般均衡分析的复杂性与深度，多数经济学家在日常研究中仍倾向于采用更为简便的局部均衡分析方法。值得注意的是，经济体系中的各个市场是相互依存、相互影响的，一旦某个市场偏离了均衡状态，那么其他市场也势必会受到影响，从而共同寻求新的平衡。

2.市场的非价格机制

非价格机制作为一种调节市场供求的替代性手段，通常涉及配额、排队等候、直接限制等措施。在理想的市场环境中，价格机制是协调供需关系最为高效的方式，它能在不受干预的情况下，通过自由竞价促使市场逐渐趋近均衡状态，但这种均衡状态不能一直保持。政府出于调整收入分配、稳定社会秩序或其他政策的考虑，会采用非价格手段，如为特定产品设定生产或消费配额。

在市场经济中，企业同样会灵活运用非价格手段来影响市场供求。特别是在产品供不应求的情况下，企业可能不会立即提高价格，使商品价格达到均衡价格，而是通过实施限购，在保持价格稳定的同时控制销售量。这种现象在金融市场和劳动力市场尤为常见。例如，银行在面对申请者的贷款需求时，不会简单地将贷款利率调整至某一固定水平以满足所有申请者，而是会对所有申请者进行严格的资质审核，根据评估结果决定贷款对象、额度等。同样，在劳动力市场上，即便求职者愿意降低薪资以换取工作机会，企业也可能出于保持内部薪资结构稳定或控制成本的考虑，选择维持当前的工资标准，转而减少招聘人数。

企业采用非价格手段进行市场调节，其背后原因复杂多样。诚然，在部分情况下，企业采用非价格手段的决策确实受到非经济因素的驱动，如追求社会公正、避免负面舆情等。特别是在特殊时期，如自然灾害发生时，企业选择不提高产品价格，既是承担社会责任的表现，也是为了避免被公众视为"趁火打劫"。然而，从更广泛的角度来看，企业运用非价格手段的核心动机仍然是追求利润最大化。

值得注意的是，许多被视为非价格手段的策略，在本质上其实可以视为价格机制的一种变形或延伸。这源于人们对产品价值及交易成本的认知差异。其中，打包价格机制就是一个典型的例子。该机制的优势在于，它允许企业以更具吸引力的价格吸引消费者，同时利用排队等待等自然形成的壁垒来控制商品或服务的供给速度，从而维持市场的供需平衡。此外，在旅游市场中，打包价格机制还有助于提升消费者的整体消费体验，因为消费者在支付一次性费用后，可以更加自由地规划自己的游玩路线，而无须担心每项活动的单独计费。从企业的角度来看，打包价格机制有助于实现利润最大化。通过合理设计通票的内容和价格，企业可以平衡不同项目的受欢迎程度，同时确保整体收入的稳定增长。此外，打包价格机制还能促进交叉销售，引导消费者尝试原本可能不会单独购买的商品或服务，从而进一步增加企业的收入。

因此，非价格手段并非完全独立于价格机制之外，它们往往通过影响消费者的实际选择成本和体验，来间接调整市场的供求关系和产品的真实价格。

二、政府干预

（一）价格管制

在实行市场经济体制的国家中，政府有时会对特定商品或服务的价格进行干预，但这种干预通常采取设置最高限价或最低限价的方式，而非直接定价。这与实行计划经济体制的国家的政府全面定价有显著区别。

1.设置最高限价

最高限价，即政府规定的某一商品或服务的交易价格上限，设置最高限价有利于确保消费者购买时不会支付超过这一水平的价格。

设置最高限价会有什么影响呢？从市场效率来看，设置最高限价可能会使原本不是非常需要这个商品的消费者也进入市场，该商品对这些消费者的效用并不大，但他们也有可能获得该商品，这是一种浪费。而该商品对另外一些消费者的效用较大，但在设置最高限价后他们可能买不到这种商品，这又是一种损失。当需求大于供给时，政府可以选择的一个办法就是强制要求企业增加生产量，以满足市场上对特定商品或服务的需求。这就是价格管制经常伴随计划性生产的主要原因。假如政府的生产计划确实能够实现，此时生产的边际成本远远大于商品给消费者带来的边际价值，这是一种资源的浪费。有时，政府设置最高限价并强制企业增加生产，如果企业亏损则给予补贴。但这会打击企业降低生产成本的积极性，甚至会导致企业故意增加成本、制造亏损，因为亏损越多，得到的补贴越多，不亏损就没有补贴。这又是一种市场效率损失。

2.设置最低限价

设置最低限价的直接目的是使交易价格高于市场均衡价格。政府为了保护某个产业，可能会出台政策规定相关商品或服务的交易价格不能低于某个最低价格。

与最高限价的情况相反，设置最低限价可能导致供过于求。为了解决供过于求的问题，政府就不得不实行配额生产。即便政府能够保证把配额分配给成本最低的企业，依然无法避免效率损失。当然，政府也可以强制消费者购买过剩的产品，但这样做不仅损失了市场效率，而且限制了消费者的选择自由。

当政府既难以有效实施生产配额来控制产量，又难以直接通过引导消费者行为来稳定市场时，仅仅依靠设置最低限价来维护市场秩序将变得不可持续。为了应对这一挑战，政府可以采取的一种策略是对生产者的销售价格与消费者的购买价格分开管理，同时对生产者提供价格补贴。对于生产者而言，这种补贴无疑是一种额外的收益，能够激励他们继续生产，甚至可能扩大生产规模。然而，从整个社会的角度来看，这种补贴机制会减少社会的总剩余。因为政府为了提供补贴，需要从税收或其他财政来源中筹集资金，而这些资金的转移过程往往伴随着效率损失，使得社会整体福利水平的提升受到制约。

（二）征税

政府干预市场的另一种方式是征税。税收的引入，如同在市场的供求关系之间嵌入了一个调节器，不仅改变了原有的市场均衡状态，还对价格和交易量产生了深远影响。

1. 从量税

从量税是指以征税对象的自然计量单位（重量、面积、件数等）为依据，按固定税额计征的税收。从量税对市场均衡的影响主要体现在以下几个方面：

（1）生产成本增加

从量税的特点是每单位商品的税额是固定的，不随商品价格的变化而变化。当政府对商品征收从量税时，这部分税额会直接成为生产者成本的一部分，导致生产成本增加。为了维持利润水平，生产者可能会提高商品价格，将税负转嫁给消费者。

（2）消费需求减少

随着商品价格的上升，消费者的购买意愿可能会受到影响。在价格敏感度较高的市场中，消费者可能会减少对该商品的购买量，转而寻找替代品或调整消费习惯。这种消费需求的减少会进一步影响市场的供需关系。

（3）市场均衡点调整

在供需双方的作用下，市场的均衡点会发生变化。具体来说，由于生产成本的增加和消费需求的减少，市场的供给量可能会减少，而价格则可能稳定在较高的水平。这种变化会导致市场均衡点向新的位置移动，反映出在新的税收环境下市场的供需关系。

需要注意的是，市场均衡点的变化不仅受从量税的影响，还受到其他多种因素的共同作用。例如，市场需求弹性、生产者成本结构、市场竞争程度等因素都可能对市场的均衡状态产生影响。因此，在具体情况下，从量税对市场均衡点的影响程度受这些因素的制约。

2. 从价税

从价税是指以商品的价格为标准征收的税种，其税率表现为商品价格的一定百分比。从价税额等于商品总值乘以从价税率。从价税额与商品的价格成正比。

从价税是根据商品的销售价格按一定比例征收的，这意味着随着商品价格的上升，税额也会相应增加。因此，当政府对商品征收从价税时，商品的市场价格会因此上升。这种价格上升是税收的直接结果，也是消费者和生产者需要共同承担的成本。随着商品价格的上升，消费者的购买意愿可能会受到影响。有些消费者可能会减少对该商品的购买量，转而寻找替代品或调整消费习惯。这种消费需求的减少会进一步影响市场的供需关系。

3.所得税

所得税是指国家对法人、自然人和其他经济组织在一定时期内的各种所得征收的税种。对企业的生产经营所得和其他所得征收的所得税是企业所得税，对居民所得征收的所得税是个人所得税。

企业所得税的征收会增加生产者的税负，进而可能提高其生产成本。这会影响生产者的利润水平，特别是在税负较重的情况下，生产者的利润可能会受到较大压缩。利润水平的下降会影响生产者的生产积极性，进而降低其供给能力。为了维持利润水平，生产者可能会采取提高产品价格或寻找税收优惠等措施。当生产者减少产量或退出市场时，市场的总供给量会减少，供给曲线会向左移动。在需求相对稳定的情况下，上述现象会导致市场均衡价格上升。

个人所得税的征收会减少消费者的可支配收入。可支配收入的减少会直接影响消费者的消费能力，因为消费者能够用于消费、储蓄和投资的资金减少了。随着可支配收入的减少，消费者可能会调整其消费水平。具体来说，消费者可能会减少非必需品的消费，转而更加关注基本生活需求的满足。消费水平的调整会直接导致市场上商品需求格局的变化。个人所得税的征收还会影响消费者的消费决策。在面临税收负担时，消费者需要更加谨慎地考虑其消费行为的经济后果。他们可能会更加关注商品的价格、性价比以及自身的实际需求，从而做出更加理性的消费决策。这种影响有助于促进消费者的理性消费和可持续消费。

第五章　协调发展视角下的
现代经济管理体制

随着改革开放的深入推进，我国经济实现了飞速增长，但这一过程中也出现了一些显著问题，如农村经济发展步伐相对滞后，以及中小企业面临发展瓶颈等，这些问题无疑制约了我国经济的可持续发展。为此，相关部门必须紧跟时代步伐，以协调发展视角持续优化和完善现代经济管理体制，确保其能够灵活应对市场变化。

第一节　我国现代经济管理体制现状

我国现代经济管理体制呈现出复杂的特点，涉及市场机制、政策调控、企业治理以及国际经济环境等多个方面。以下是对我国现代经济管理体制现状的分析：

一、市场机制的成熟与完善

（一）市场化程度不断提高

我国经济的市场化程度不断提高，市场在资源配置中的决定性作用日益增强。价格机制、供求机制和竞争机制等市场机制更加健全，有效促进了资源的优化配置和经济效率的提升。

（二）市场体系不断完善

我国已经建立了较为完善的现代市场体系，包括商品市场、金融市场、劳动力市场、技术市场等。这些市场相互关联、相互促进，为经济活动提供了更加广阔的空间和更加灵活的方式。

二、政策调控的精准与高效

（一）宏观政策调控

政府通过财政政策、货币政策等宏观调控手段，对经济进行总体调节和结构优化。这些政策旨在促进经济增长、增加就业、稳定物价和保持国际收支平衡，确保经济运行在合理区间。

（二）产业政策引导

政府通过制定和实施产业政策，引导和支持特定产业的发展。产业政策旨在优化产业结构、提升产业竞争力和促进产业转型升级，为我国经济的高质量发展提供有力支撑。

三、企业治理的现代化

（一）企业治理结构较为完善

我国企业普遍建立了较为完善的组织结构，包括股东大会、董事会、监事会和经理层等组织机构。这些组织机构之间形成了清晰的职责划分和相互制衡的机制,确保了企业决策的科学性、经营的有效性和监督的公正性。它们共同构成了企业治理的基石,为企业的持续、稳定、健康发展提供了有力保障。通过各组织机构之间的协作与配合,企业能够灵活应对市场变化,优化资源配置,提升核心竞争力,实现经济效益和社会效益的双赢。

(二)管理创新水平不断提升

随着信息技术的快速发展和市场竞争的加剧,我国企业不断进行管理创新,引入先进的管理理念和技术手段,提升管理效率和水平。例如,数字化管理、智能化生产、供应链管理等现代管理手段在企业中得到广泛应用。

四、国际经济环境的适应与应对

(一)深度参与经济全球化

我国经济已深度且全面地融入全球经济体系,成为全球经济不可或缺的重要力量。我国积极参与国际经济合作与竞争,致力于构建开放型世界经济,推动全球经济朝着更加开放、包容、普惠、平衡、共赢的方向发展。

在自由贸易协定方面,我国不仅广泛签署并实施了多项双边和多边自贸协定,还积极推动这些协定的升级和深化,以进一步降低关税壁垒,促进贸易和投资自由化、便利化。这些自贸协定的签署和实施,不仅为我国企业提供了更加广阔的市场空间和更加稳定的贸易环境,也促进了我国与贸易伙伴之间的经济合作,实现了互利共赢。

同时,我国还积极参与国际多边组织和全球多边机制的进程,与各国共同推动全球经济治理体系的完善。我国致力于加强与国际货币基金组织、世界银行、世界贸易组织等国际经济组织的合作,共同维护多边贸易体制,推动全球经济复苏。在加强与世界各国的经济联系和合作方面,我国不仅注重贸易和投资领域的合作,还积极拓展金融、科技、文化等多领域的交流与合作。

总之,我国经济已深度融入全球经济体系。未来,我国将继续秉持开放、合作、共赢的理念,加强与世界各国的经济联系和合作,共同推动构建人类命运共同体。

(二)积极应对挑战

面对复杂多变的国际政治经济形势,我国政府和企业积极应对挑战,加强风险防控和应对能力,通过调整产业结构、优化贸易结构、加强国际合作等方式,努力保持经济稳定增长和可持续发展。

尽管我国现代经济管理体制不断完善,但仍存在一些问题和挑战。例如,农村经济发展相对滞后、中小企业发展受阻、市场环境有待进一步优化等。为了解决这些问题,需要进一步深化改革,完善市场机制,加强政策调控,优化企业治理。

第二节 协调发展视角下的现代经济管理体制的完善

一、进一步加大宏观政策调控力度

宏观政策调控应基于对经济形势的深入分析和预测,及时捕捉经济运行中的倾向性问题,采取有针对性的政策措施进行预调和微调。这要求政策制定者具备较强的判断力,以科学的数据分析和专业的研究为支撑,提高宏观政策调控的精准度和有效性。

构建以财政政策和货币政策为主要手段，产业政策、区域政策、环保政策等多领域协同配合的宏观政策调控体系。各类政策之间要相互协调、相互补充，形成合力，共同作用于经济发展的全过程，促进经济结构的优化和平衡发展。在经济下行压力加大或面临外部冲击时，要适时加大逆周期调节力度，通过增加政府支出、减少企业税负、提供信贷支持等方式，稳定市场预期，提振市场信心，促进经济平稳健康发展。同时，也要关注经济过热和资产泡沫的风险，适时采取措施进行调控。

宏观政策调控要与供给侧结构性改革相结合，通过优化产业结构、提高供给体系质量和效率，增强经济发展内生动力。具体包括支持传统产业转型升级、培育发展战略性新兴产业、加强创新能力建设等方面的工作。

加强市场监管是宏观政策调控的重要组成部分。要建立健全市场监管机制，加强对市场主体的监管，维护市场秩序。同时，要加强社会信用体系建设，提高市场主体的诚信意识和自我约束能力。

在宏观政策调控中还要注重生态环境保护，推动绿色发展。通过制定和执行严格的环保政策，促进节能减排和低碳发展，推动经济发展与生态环境保护的良性循环。

二、完善区域间合作与协调发展机制

完善区域间合作与协调发展机制，是推动经济均衡增长、促进资源高效利用和社会全面进步的重要途径。区域间合作与协调发展机制旨在打破地域壁垒，促进资源、技术、人才等关键要素在区域间的自由流动与优化配置，从而激发区域经济的整体活力与创新能力。

首先，加强区域间的政策沟通与协调是完善区域间合作与协调发展机制的基础。各区域应基于共同的发展愿景，制定相互衔接、协同推进的政策措施，确保在战略规划、产业布局、环境保护等方面形成合力，及时解决合作中遇到的问题，推动合作向更深层次、更广领域拓展。

其次，推动产业协作与融合发展是完善区域间合作与协调发展机制的核心。各区域应根据自身的资源禀赋和产业基础，明确产业定位和发展方向，通过产业链延伸、产业集群培育等方式，加强区域间的产业协作与融合。同时，鼓励企业跨区域投资与合作，促进技术创新与成果转化，形成优势互补、协同发展的产业体系。

在基础设施建设方面，各区域应强化区域间的互联互通，通过共建共享交通、能源、信息等基础设施，提高区域间资源流动的效率和便利性。特别是要加大对欠发达地区的投入力度，缩小区域间基础设施建设水平的差距，为区域间合作与协调发展提供坚实的物质基础。

同时，还应注重人才培养与流动。各区域应建立健全跨区域的人才交流与合作机制，鼓励人才向欠发达地区和基层流动；可通过政策引导、市场配置等手段，优化人才资源配置，提高人才使用效率；应加强职业教育与培训体系建设，提升劳动力素质与技能水平，为完善区域间合作与协调发展机制提供有力的人才支撑。

最后，建立科学的考核评价体系是完善区域间合作与协调发展机制的关键。相关部门应构建以经济均衡增长、资源高效利用、社会全面进步为主要目标的考核评价体系，定期对区域合作成效进行评估与反馈。考核评价体系应与激励机制、约束机制相结合，有效引导各区域积极参与合作，推动协调发展。

三、调整经济结构

（一）制定长远的发展战略

1.深入分析国内外经济形势和发展趋势

首先，相关部门需要全面、深入地分析国内外经济形势和发展趋势，把握经济发展的脉搏和规律。这包括了解全球经济格局的变化、新兴产业的发展动态、国际贸易和投资环境的变化，以及国内经济发展的阶段性特征、产业结构的变化趋势、区域经济发展的差异等。

2.明确发展目标和重点

在深入分析国内外经济形势和发展趋势的基础上，相关部门需要明确长远发展战略的目标和重点。这些目标和重点应当与国家的总体发展战略相衔接，体现经济、社会、环境等多方面协调发展的要求。例如，可以在提高国有经济控制力、优化产业结构、促进区域协调发展、加强科技创新等方面设定具体的目标和重点。

3.制定具体政策与措施

为了实现发展目标，相关部门需要制定一系列具体、可行的政策与措施。这些政策与措施应当具有针对性、可操作性和实效性，能够引导和支持国内经济朝着既定的目标和方向发展。例如，可以制定促进企业改革发展的政策、加强科技创新和人才培养的政策、优化投资环境的措施等。

（二）有效调整国有经济结构

1.优化国有经济布局

在调整国有经济结构的过程中，需要优化国有经济布局。这包括推动国有资本向关系国家安全、国民经济命脉的重要行业和关键领域集中，同时逐步退出一些竞争性领域和产能过剩领域。优化国有经济布局，可以提高国有经济的控制力和影响力，更好地发挥国有经济在国民经济中的主导作用。

2.深化国有企业改革

深化国有企业改革是调整国有经济结构的重要途径。具体措施包括推进国有企业混合所有制改革、完善现代企业制度、加强企业内部管理等方面。深化国有企业改革，可以增强国有企业的活力和竞争力，提高国有经济的整体素质和效益。

3.加强创新驱动发展

创新驱动发展是调整国有经济结构的重要动力。相关部门需要加强科技创新和人才培养，推动国有企业加大研发投入，加强核心技术攻关和自主创新建设。同时，还需要加强国有企业与高校、科研机构的合作与交流，推动产学研深度融合和科技成果转化。

4.促进产业协同发展

在调整国有经济结构的过程中，相关部门还需要促进产业协同发展。这包括加强产业链上下游企业之间的合作与联动，推动产业集群和产业链的形成与发展。通过产业协同发展，相关企业可以实现资源共享、优势互补和互利共赢，提高整个产业链的竞争力和附加值。

（三）促进中小企业和大型企业的共同发展

促进中小企业和大型企业的共同发展，是提升经济发展效率、增强市场活力和促进协调发展的重要举措。相关部门可采取以下措施促进中小企业和大型企业的共同发展：

1.优化营商环境

简化审批流程：减少不必要的行政审批环节，提高审批效率，降低企业进入市场的门槛和成本。

加强知识产权保护：建立健全知识产权保护体系，加大对侵权行为的打击力度，保护企业的创新成果和合法权益。

完善服务体系：建立健全面向中小企业的服务体系，提供政策咨询、法律援助、融资支持等"一站式"服务，帮助中小企业解决发展中遇到的问题。

2.加强政策扶持

提供财政补贴与税收优惠：对符合条件的中小企业提供财政补贴和税收优惠，减轻其经营负担，增强其市场竞争力。

给予融资支持：鼓励金融机构加大对中小企业的信贷支持力度，降低中小企业的融资成本，拓宽其融资渠道。

实施专项扶持计划：实施针对中小企业的专项扶持计划，在技术创新、市场开拓、人才培养等方面对中小企业给予支持，帮助中小企业提升综合实力。

3.推动大中小企业融通发展

促进协同攻关：推动大型企业和中小企业在技术创新、产品研发等方面进行协同攻关，实现资源共享和优势互补。龙头企业发布产业技术创新和配套需求，中小企业"揭榜"攻关，双方自愿基于市场原则进行合作，有利于攻克一批产业技术难题。

加强产业链合作：加强大型企业和中小企业在产业链上的合作，推动形成产业链上下游企业协同发展的良好态势。大型企业可以通过技术转移、发布产品配套需求等方式支持中小企业发展，同时中小企业也可以为大型企业提供灵活多样的配套服务。

鼓励开拓市场：鼓励大型企业和中小企业共同开拓市场，通过联合参展、共同营销等方式提升市场影响力和竞争力。同时，利用大型企业的销售渠道和客户资源，帮助中小企业拓展市场份额。

4.加强人才培养与交流

加强人才培训：开展针对中小企业和大型企业的多层次人才培训活动，提升企业员工的专业技能和综合素质。同时，鼓励校企合作，开展订单式、定向式培训，促使高校为企业培养符合需求的专业人才。

推动人才交流：推动大型企业和中小企业之间的人才交流，促进人才在不同企业之间的流动和共享，有助于企业引进外部优秀人才，进而为企业发展注入新的活力。

5.构建交流合作平台

发挥行业协会和商会在促进大中小企业交流合作中的桥梁作用，定期举办交流会、研讨会等活动，为企业提供政策解读、市场分析等服务。

构建政府服务平台，完善大中小企业交流合作机制。通过政府服务平台，相关部门可以及时了解企业需求,为企业提供更加精准的服务和支持。

第三节　协调发展视角下的企业经济管理体制创新

在我国国民经济不断发展的环境下,企业之间的竞争日趋激烈。企业要实现可持续发展,就要增强自身实力,在日常经营管理过程中充分发挥企业经济管理体制的作用,全方位、多角度、多元化地认识企业经济管理体制创新的重要性,保证企业经济管理工作正常高效开展。

一、企业经济管理体制创新的意义

在市场环境下,企业经济管理体制创新对于企业把握发展趋势,沿着正确方向发展具有重要意义,具体表现为以下几个方面:

第一,企业经济管理体制创新是企业盈利的基础。在企业的经营发展过程中,正常经营管理是实施一切经济活动的基础。只有建立完善的经济管理体制,切实加大经济管理力度,并确保企业的经济管理措施得到真正落实,才能充分保障企业其他运营环节的顺畅进行,同时激发员工的工作积极性,最终通过优化资源配置,以最低的成本实现企业经济效益的最大化。因此,推进企业经济管理体制创新,对于显著提升企业经济效益具有举足轻重的意义。

第二,企业经济管理体制创新可以提升企业的市场竞争力。在市场竞争日益激烈的背景下,企业要想持续繁荣发展,就必须提升自身的竞争力。而企业提升竞争力的关键在于其综合能力的全面提升。一个科学高效的经济管理体制，不仅是企业运营的"晴雨表"，能够精确且全面地反映企业的运营状态，更是企业自我诊断与优化的重要工具。通过经济管理体制，企业能够深入剖析经营过程中的薄弱环节与潜在风险，及时发现并纠正管理漏洞与业务偏差。更重要的是，基于对经济管理体制的深入分析与洞察，企业能够灵活应对市场变化与竞争挑战，制定出更加精准有效的应对策略。这不仅有助于企业避免决策失误，减少资源浪费，还能促进企业资源的优化配置与高效利用，从而在根本上提升企业的综合实力。最终，随着企业综合能力的持续增强，其在市场中的竞争力也将得到显著提升。这种竞争力不仅体现在产品与服务的品质上，更体现在企业的战略眼光、创新能力、管理效率以及市场响应速度等多个维度。因此，对于志在长远发展的企业来说，创新企业经济管理体制，是提升竞争力、赢得市场地位的不二法门。

第三，企业经济管理体制创新有利于企业提升资源使用效率。科学合理的经济管理体制能够促使企业建立健全成本控制体系，对生产、销售等各个环节进行精细化管理，减少不必要的开支。通过对资源配置的科学规划和有效执行，企业能够确保每一份资源都得到充分利用，从而提升资源使用效率。经济管理体制创新还注重人才的培养和引进。通过建立健全人才培养机制，企业能够培养出一批具有较高专业技能和管理能力的人才队伍。这些人才在企业的经营管理中能够发挥重要作用，推动企业技术创新和生产能力提升，从而提升资源使用效率。

二、企业经济管理体制创新的策略

（一）注重企业经济管理思维创新

传统的经济管理思维是阻碍企业经济管理体制创新的关键因素之一。所以，要推动企业经济管理体制创新，企业需要更新经济管理思维，采用不同的经济管理战略。企业管理者应全面考察目前市场经济环境下同行业其他企业的生存状态与运行情况，然后根据自身的情况更新经济管理思维。另外，企业管理者还应积极鼓励员工结合企业状态与自身水平开展创新活动，营造有利于创新改革的环境。

（二）重视企业人力资源管理创新

在企业经济管理过程中，人力资源管理占据着举足轻重的地位。人力资源管理创新是推动企业经济管理体制创新的关键驱动力。

第一，企业要更新人才管理理念。人才是企业最宝贵的资源，是推动企业发展的核心动力。企业管理者要意识到，在竞争激烈的市场环境中，拥有高素质、高技能的员工是企业保持竞争力和实现可持续发展的关键。因此，企业管理者应摒弃传统的过分依赖资历、文凭等硬性指标选用人才的观念，更加注重考察员工的实际能力和潜力。

第二，企业要创新人力资源管理制度。员工在企业的正常运营过程中起着至关重要的作用，因此企业在经济管理体制创新实践中需要重视人力资源管理制度的创新，以制度来规范员工在企业中的工作态度与行为，激发员工的工作积极性。同时，企业还应定期组织员工进行专业知识培训，以提升员工的专业水平与创新能力。

（三）强化企业经济管理战略创新

企业经济管理体制中的经济管理战略是密切关系企业发展前景的重要内容。企业要强化经济管理战略创新，重视自身的经济效益，始终关注自身在市场经济环境中的优势与不足，利用市场经济环境，抓住机遇，提升企业核心竞争力。同时，企业还应全面考察市场环境，针对自身实际情况制定科学合理的经济管理战略。

（四）开展企业监督管理体系创新

完善的监督管理体系是确保企业经济管理工作有效实施的核心要素。为了推动经济管理体制创新，企业必须开展监督管理体系创新。在这一过程中，企业需紧密关注市场环境的动态变化，据此制定和调整相应的监督管理条例。这些条例旨在确保企业管理层与基层员工均能严格遵循企业管理体制的要求，从而确保企业的正常运营。

为了进一步优化监督管理体系，企业应针对各部门的具体运行情况，量身打造内部控制管理制度。这些制度不仅应覆盖全面，还应注重细节，确保监督管理体系能够涵盖企业日常运营管理的每一个环节，从而保证企业经济活动的合规性、高效性和透明度，为企业的持续健康发展奠定坚实的基础。

第四节　协调发展视角下的乡村经济管理体制改革

在现代经济管理的进程中，探索一条契合广大乡村实际情况的经济发展路径，是乡村全面振兴的关键所在。乡村经济的蓬勃发展，离不开政府强有力的扶持与科学领导，同时也需要乡村经济管理体制的有效运行作为支撑。因此，对当前乡村经济管理体制中存在的滞后内容进行改革与优化，已成为乡村经济发展的迫切任务。以协调发展的视角进行乡村经济管理体制改革，消除束缚乡村经济发展的障碍，可以激发乡村经济的内在活力，促进资源优化配置，为乡村全面振兴奠定坚实基础。

一、乡村经济发展存在的主要问题

最近几年,随着我国惠农政策的普及以及国家对乡村经济管理的重视,乡村经济取得了较大的发展,农民收入水平显著提高,乡村基础设施建设不断完善,乡镇市场日渐活跃。与此同时,乡村经济发展仍面临一系列问题。

(一)管理不足带来的乡村经济发展滞后

由于地理位置、资源禀赋、文化背景、产业基础以及创新意识等方面的显著差异,我国绝大部分乡村的经济总量、发展速度以及发展潜力均表现出一定的滞后性。这些乡村面临着工业化水平相对较低、农业科技化进程不足以及产业结构调整力度欠缺等问题,从而限制了乡村经济的全面繁荣与可持续发展。

这一系列问题的根源,部分可归咎于地方政府经济管理上的不足。许多地方政府在统筹规划县乡两级经济、产业与资源时,未能有效构建城乡一体化发展、协同融合发展的格局,而是呈现出各自为政、孤立经营的态势。这种管理方式不仅割裂了区域间的经济联系,也限制了资源的高效配置与利用。更为严重的是,部分经济管理部门在追求经济增长的过程中,忽视了乡村的实际情况和客观规律,盲目追求经济指标和项目数量,导致发展策略偏离了因地制宜的原则,陷入了盲目跟风、政策频变的困境。

这种缺乏开拓创新、锐意进取精神的经济管理方式,不仅阻碍了乡村经济的持续健康发展,也损害了农民群众的切身利益。

(二)乡村经济结构不合理、发展思路较窄

乡村经济结构不合理、发展思路较窄,是当前乡村经济发展面临的主要瓶颈。长期以来,许多乡村地区过于依赖传统农业种植,产业结构单一且附加值低,缺乏多元化发展的有效路径。同时,在探索新的发展模式时,当地政府往

往受限于思维惯性和资源条件，难以跳出传统框架，制定出符合自身实际且具有前瞻性的发展战略。

这种经济结构的不合理和发展思路的局限性，不仅限制了农民收入的增加，也影响了乡村经济的整体竞争力和抵御风险能力。面对快速变化的市场需求和外部环境，乡村经济若不能及时调整结构，拓宽发展思路，就难以适应新时代的发展要求，实现跨越式发展。

（三）支农服务体系不健全

这一问题主要体现在农业技术推广、农村金融支持、市场信息传递、农产品销售，以及农民培训等多个方面。由于缺乏完善的服务体系，农民在生产过程中往往面临技术难题难以解决、资金短缺、市场信息不对称、农产品销售渠道单一，以及职业技能培训缺失等困境。

具体而言，农业技术推广服务不足，使得先进的农业技术和科研成果难以快速有效地应用到田间地头，影响了农业生产效率的提升；农村金融体系不完善，导致农民贷款难，制约了农业生产规模的扩大和农民收入的增加；市场信息传递不畅，使得农民难以准确把握市场需求变化，容易导致生产盲目性和市场风险；农产品销售渠道单一，缺乏有效的市场对接机制，限制了农产品的附加值提升和农民收入的增长；而农民培训服务的缺失，则限制了农民综合素质和职业技能的提升，使农民难以适应现代农业发展的需要。

（四）创业环境有待优化

尽管近年来乡村地区在创业基础设施建设、政策扶持等方面取得了一定进展，但相较于城市，乡村的创业环境仍不够理想，创业者的积极性和创造力受到制约。

首先，乡村创业资源相对匮乏，包括资金、技术、人才等关键要素的缺乏。由于信息不对称和融资渠道有限，乡村创业者往往难以获得足够的资金支持；

同时，技术更新缓慢和人才流失严重，也限制了乡村创业项目的创新能力和市场竞争力的提升。

其次，乡村创业服务体系尚不完善。在创业咨询、培训指导、项目孵化、市场推广等各个环节，乡村地区都缺乏专业化、系统化的服务支持。这导致创业者在创业过程中容易遇到各种困难和挑战，难以顺利推进项目。

最后，乡村创业氛围不够浓厚。相较于城市，乡村地区缺乏鼓励创新、宽容失败的社会环境。这在一定程度上抑制了创业者的积极性和创造力，使得乡村创业活动难以形成规模效应和集聚效应。

二、乡村经济管理体制综合改革的路径

（一）明确改革的目标与方向

在乡村经济管理体制综合改革的过程中，明确改革的目标与方向是关键。乡村经济管理体制综合改革旨在通过制度创新和政策调整，优化资源配置，激发乡村经济活力，促进农民增收和乡村经济可持续发展。因此，改革需紧密围绕乡村振兴战略的总要求，以市场需求为导向，以农民为主体，构建满足现代乡村发展要求的经济管理体制。

（二）深化农村土地制度改革

在稳定农村土地承包关系的基础上，相关部门应进一步深化土地制度改革，积极探索土地经营权的流转市场，以促进土地的适度规模经营。这一举措旨在提高土地利用效率，推进农业现代化进程。同时，针对农村宅基地问题，相关部门应探索深化所有权、资格权、使用权"三权分置"制度，确保农户对宅基地的用益物权得到充分保障，并适度放活宅基地和农民房屋的使用权，以激发乡村资源活力，促进乡村经济的多元化发展。这样的改革路径将有助于实

现农村土地资源的优化配置，推动城乡协调发展。

（三）推动农业产业化

推动农业产业化是乡村经济管理体制综合改革的重要抓手。通过培育壮大农业龙头企业，发展农民专业合作社和家庭农场等新型农业经营主体，推动农业产业链延伸，增强农业竞争力。

（四）完善农村治理体系

完善农村治理体系，旨在构建一个适应新时代农村发展需求、促进乡村和谐稳定与可持续发展的治理框架。这要求农村基层党组织充分发挥其在农村治理中的领导核心作用。同时，推动村民自治制度深化，激发农民群众参与乡村治理的积极性与创造力，从而实现政府治理、社会调节和村民自治的良性互动。此外，还需加强农村法治建设，完善法律法规体系，提高农村干部、群众的法治素养，确保农村治理有法可依、有章可循。

（五）加快支农服务体系建设

加快支农服务体系建设，是保障农业稳定发展、促进农民增收、推动乡村振兴的关键举措。支农服务体系的建设，旨在通过整合政府、市场和社会的资源，为乡村发展提供全方位、多层次、高效便捷的服务。相关部门需要建立健全农业技术推广网络，确保先进农业科技和管理知识能够及时传递到田间地头，提升农业生产效率和农产品质量。同时，加强农村金融服务体系建设，创新金融产品，拓宽融资渠道，满足农民多样化的资金需求。此外，还应完善农产品市场信息服务，帮助农民精准对接市场需求，提高农产品市场竞争力和附加值。

第六章 协调发展视角下的对外贸易经济管理多维探索

对外贸易在国民经济发展中占据重要地位。形成良好的对外贸易格局、优化进出口结构，是提高我国经济发展水平的重要动力，也是完善现代经济管理体系的重要途径。

第一节 实行对外开放

我国的对外开放包括两方面的内容：一方面是指国家积极主动地扩大对外经济交往；另一方面是指放宽政策，放开或者取消各种限制，不再采取封锁国内市场和国内投资场所的保护政策，发展开放型经济。

一、扩大对外经济交往

实行对外开放，扩大对外经济交往，符合经济发展规律的客观要求，符合解放和发展生产力的客观要求，符合发展社会主义市场经济的客观要求。

从经济发展规律的角度看，国家积极主动地扩大对外经济交往，开展国际经济技术交流与合作，是商品经济持续发展的必然结果。在自然经济占统治地位，商品经济处于从属地位的经济社会条件下，生产主要是为了自给自足，而不是为了交换，因此，商品市场狭小，各国基本上处于封闭的状态。随着商品经济的发展，商品交换的规模和范围不断扩大，各国之间的经济联系日益紧密。尤其是以机器大工业为基础的资本主义商品经济的发展，使得生产和交换开始突破国家和民族的界限而扩展到世界各地，各国间的经济交往逐步成为一种世界趋势。

从解放和发展社会生产力，以及发展社会主义市场经济的角度看，我国经济体制改革的目标是建立社会主义市场经济体制。而我国发展社会主义市场经济，更加离不开对外开放，离不开与其他国家间的经济交往。我国的旧经济体制将国内价格体系同世界价格体系割裂，将国内产业结构、经济结构同世界产业结构、经济结构割裂，割断了我国现代化大生产与国际市场的有机联系，严重地束缚了我国生产力的发展。由此可见，封闭是解放和发展社会生产力、发展商品经济、建立社会主义市场经济体制的障碍。打破旧经济体制的封闭性，打破地区间、民族间和国家间各自为政、层层封锁的状态，是由市场经济的本质特征决定的。社会主义市场经济要求实现资源合理配置，不仅是一国范围内资源的配置，也包括充分利用国外资源以实现资源的优化配置。各国由于经济技术条件和人力、物力、财力的资源条件不同，生产同一种商品的效率和经济效益也存在很大的差别。各国只有扩大对外经济交往，充分利用国际分工，才能扬长避短，发挥优势，提高经济效益。

综上，我国要发展社会主义市场经济，必须坚持对外开放，扩大对外经济交往，充分利用国际分工合理配置资源。

二、大力发展开放型经济

积极参与国际竞争，大力加强对外经济技术交流与合作，已成为当今世界各国发展的潮流。这是人类社会生产力发展的必然结果，也符合社会经济发展的规律。我国发展开放型经济，正是顺应世界潮流和遵循经济规律的表现。

（一）开放型经济的含义

所谓开放型经济，就是通过放宽贸易限制，利用外资，引进技术，大力发展面向国际市场的产业，以出口贸易带动国内企业和国民经济的技术改造，加速产业结构、产品结构的优化，促进社会主义现代化建设。

准确把握开放型经济的含义，要求将其与出口导向型经济区分开来。开放型经济与出口导向型经济既有密切联系，又有区别，不能混为一谈。

开放型经济与出口导向型经济都强调出口贸易在国民经济中的重要战略地位，都要求大规模利用外资，引进国外先进技术，充分利用国际分工的优势，这是两者相同的地方。

开放型经济与出口导向型经济的不同之处在于：①出口导向型经济将出口贸易作为整个国民经济的发动机，国民经济的运转要围绕出口贸易进行；而开放型经济虽然强调出口贸易的战略作用，但是并不将出口贸易作为国民经济的发动机，而是将其作为推动国民经济发展的一种重要力量。②出口导向型经济是一种国民经济发展的整体经济模式，而开放型经济既表现为整体经济模式，又在很大程度上表现为微观经济成分。例如，"三资"企业（即在中国境内设立的中外合资经营企业、中外合作经营企业、外商独资经营企业三类外商投资企业）属于作为微观经济成分的开放型经济。

（二）发展开放型经济的措施

第一，补足技术短板，缩小与发达国家之间的技术差距，降低关键技术、材料和设备的进口依赖度，提升开放型经济发展质量。科学技术是第一生产力，各国在国际经济分工合作中所处地位的高低和所获利益的多寡，最终取决于该国科技实力的强弱。只有大力发展科学技术，打破发达国家在高端技术领域的垄断，我国才能真正提升自身在全球价值链分工和贸易体系中的地位。然而，随着新技术研发投入成本的不断增加和产品技术代际更替速度的日益加快，我国企业学习先进成熟技术的成本与门槛不断提高。同时，随着科技的不断进步和创新，新兴科技产业在全球范围内蓬勃发展，成为引领经济增长的重要力量。因此，我国大力发展开放型经济不仅要引导企业积极学习先进成熟技术，还应该引导企业在新兴产业和前沿科技领域提前布局，紧跟下一轮技术潮流，实现跨越式发展。

第二，提升开放型经济发展质量需要强大的文化软实力作为支撑。除科技水平之外，文化软实力也是推动一国经济发展、提高国际竞争力的重要力量。许多文化强国出口的产品在国际市场上拥有更强大的竞争力，离不开国家良好文化形象的支撑。我国要大力提升开放型经济发展质量，就需要重点提升文化、旅游、教育等相关产业的服务质量和出口能力，让更多的外国消费者了解中华文化，提升我国整体的文化形象和声誉。此外，我国还应学习文化强国的发展经验，以更好地增强我国文化的传播力和影响力。

第三，提升开放型经济发展质量必须降低开放型经济发展的环境代价。较低的环境污染成本是发展中国家融入全球价值链的重要的比较优势之一。我国过去粗放式经济发展模式导致我国开放型经济蓬勃发展的成果是以牺牲资源和环境为代价，向国际市场出口附加值并不高的廉价商品而获得的。高质量开放型经济发展模式要求我国提高制造业的污染物排放标准，加强环保执法力度，在坚持实行对外开放，扩大引进外资力度的同时，提高外资进入的环保门槛标准，追求绿色、可持续的开放型经济发展模式。

第四，提升开放型经济发展质量要求培育和聚集世界一流企业。培育世界一流企业是掌握产业链核心环节最直接有效的方式，这些企业凭借核心技术、独特竞争能力、强大营销网络和品牌优势，能够引领国际创新发展，并在所属行业占据较大的市场份额，形成较强的国际引领力。我国大力发展开放型经济，应优先选择产业链各环节布局相对完善、掌握核心环节、企业聚集规模和发展水平已经具备一定基础的产业。例如，在金融业的发展方面，前期重点提升金融服务创新、金融产品创新以及金融衍生工具创新等环节的国际竞争力，后期重点培育国际期货市场和国际期权交易市场；在商务服务业的发展方面，应进一步聚集总部企业，促进其实体化和功能化经营，不断提升其对国际商务服务业的引领力和影响力；在文化创意产业的发展方面，应进一步聚集国内外知名的文化创意型企业，促进其不断提升国际竞争力，前期重点掌控文化艺术、新闻出版、设计服务等行业的核心环节，后期重点掌控广播、电视、电影等行业的核心环节。

第二节 协调发展视角下的对外贸易经济效益

一、经济效益

（一）经济效益的概念

经济效益是指在经济活动中为了达到一定的经济目标所耗费的劳动和由此取得的成果之比。简言之，经济效益就是投入与产出之比。所谓投入，是指劳动的耗费与资源的占用，劳动包括活劳动和物化劳动，资源包括自然资源和社会资源。所谓产出，是指符合人类需要的劳动成果。如果不能满足人类需要，则无效益可言。经济效益反映经济活动的效率和收益，衡量经济效益的活动就是将投入和产出进行比较和评价。投入越少，产出越多，经济效益就越好；投入越多，产出越少，经济效益就越差。

（二）经济效益的层次

从全社会的投入与产出的角度考察的经济效益是宏观经济效益，也称社会经济效益。它反映一个国家的全局性的国民经济整体效益，也是长期与近期相结合的效益。从一个产业部门或一个企业的投入与产出的角度考察的经济效益是中观经济效益或微观经济效益。

宏观经济效益与微观经济效益是对立统一的关系，前者是后者的前提与外在条件，后者是前者的基础和实现条件。此外，两者也是整体与局部的关系，虽然各个产业部门和各类企业构成了国民经济的整体，但宏观经济效益并不等于微观经济效益的简单相加，因为国民经济是一个有机体，宏观经济效益除了包含各个产业部门和各类企业的微观经济效益，还包括各个部门、企业相互作用产生的国民经济结构效益、资源配置效益以及规模经济效益等。这是国民经济体系本身的效益，不能将其简单机械地切割、分解成微观经济效益。

（三）提高经济效益的本质

提高经济效益是人类生产活动的基本准则，也是人类生存与发展的物质基础。经济效益的提高有两种表述方式：一是以一定量的投入获得更多的产出。例如，企业在一个劳动日产出的产品数量越多，其经济效益就越好。二是以较少的投入获得一定量的产出。例如，企业生产一个单位产品所耗费工人的劳动时间越少，其经济效益就越好。无论采取哪种表述方式，投入的减少与产出的增多都反映了劳动与资源的节约。一切节约归根到底都是时间的节约，真正的经济节约在于节约劳动时间，即实现最小的生产成本，这种节约就等于发展生产力。因此，提高经济效益的本质就是劳动时间的节约，是社会生产力的发展。

二、对外贸易经济效益

对外贸易作为开放型经济条件下服务于国民经济发展的重要手段，其经济效益直接影响着其发挥的效力。从这个意义上说，较高的对外贸易经济效益是对外贸易活动所追求的目标，因为只有取得较高的经济效益，才能保证对外贸易更好地发挥促进国民经济发展的作用。

（一）对外贸易经济效益的表现形式

对外贸易经济效益是指在一定时期内在对外贸易领域的投入（包括劳动的投入和资源的投入）和取得的成果之比。和其他经济活动一样，对外贸易的经济效益通过投入与产出的比较来反映。

对外贸易不同于物质生产部门，它属于流通领域，是流通向供给生产的延伸。对外贸易的经济效益既涉及国内价值，也涉及国际价值，而价值的货币表现形式既有以国内货币表示的国内生产价格，又有以外国货币表示的国际市场价格。因此，对外贸易经济效益具有不同于其他部门的经济效益的特点。

从本质上看，对外贸易经济效益属于价值范畴，但研究对外贸易经济效益也要涉及使用价值，因为使用价值是价值的物质承担者，是对外贸易经济效益实现的物质前提。

（二）对外贸易经济效益的构成

物质生产部门的职能主要是创造价值和生产不同使用价值的物品，对外贸易的职能是实现商品价值与使用价值的跨国转换。因此，对外贸易经济效益的构成不在于价值的创造与使用价值的产生，而是包括以下两方面的内容：

一方面，通过利用国内价值和国际价值的比较差异输出本国有相对优势的产品，输入本国有相对劣势的产品，从而实现价值增值，实现社会劳动的节约。例如，一国出口商品的国内价值高于国际价值，但商品在国际市场上是按国际价值销售的，这意味着商品销售只实现了国际价值，而没有实现国内价值高于国际价值的那一部分价值，这似乎是不利的。然而，从该出口商品按国际价值所换回的进口商品来看，这一进口商品若在国内生产，将要耗费更多的社会劳动，这意味着该国通过进出口贸易活动节约了社会劳动，这就是对外贸易经济效益。因此，对外贸易经济效益不是简单地将投入与产出直接对比的结果，而是通过国内价值与国际价值的差异间接反映出来的，是在比较利益的基础上，通过国际分工而实现的社会劳动节约。

另一方面，通过进出口贸易，输出本国相对富余的产品和资源，换回本国相对短缺的产品和资源，实现实物形态上国民经济的综合平衡，扩大社会再生产规模，从而创造出更多价值。这部分价值创造也属于对外贸易经济效益。

（三）对外贸易经济效益的层次

根据不同的层次，对外贸易经济效益可以分为对外贸易宏观经济效益和对外贸易微观经济效益。对外贸易宏观经济效益是指在对外贸易中通过商品和劳务的交换，对整个国民经济产生的经济效果。它不仅包括由对外贸易活动实现的直接的价值增值，还包括由对外贸易活动派生出的间接的社会劳动节约。一国通过输出在国内进行生产时耗费劳动较少的产品，换取在国内进行生产时耗费劳动较多的产品，从而节约社会劳动，而节约的社会劳动又可创造新价值；通过使用价值转换，改善实物平衡，实现生产要素优化配置，也可创造新价值。这些价值增值便是直接的对外贸易宏观经济效益。通过发展出口以及接受先进技术和物资投入，实现劳动生产率的提高，促进生产的发展等，这些属于间接的对外贸易宏观经济效益。

对外贸易微观经济效益是指外贸企业通过对外贸易活动所取得的盈利。这是从企业层面上考察对外贸易经营活动的投入与产出的关系。对外贸易微观经济效益较之对外贸易宏观经济效益，其考察的范围狭小、内容单一。对外贸企业经济效益的考察，仅是对外贸企业财务账面上的考察，一般表现为以货币形式出现的盈利或亏损。

三、影响对外贸易经济效益的因素

对外贸易经济效益的状况是多种因素综合作用的结果，由于宏观层面和微观层面的对外贸易经济效益所包含的内容有差别，因此，各自的影响因素也不尽相同。

（一）影响对外贸易宏观经济效益的主要因素

对外贸易宏观经济效益是通过对外商品交换带来的价值增值，而价值增值是由国内外价值差异，以及使用价值在社会再生产中发挥特定作用而形成的。因此，一切影响商品国内价值、国际价值以及两者之间相互关系的因素，一切影响使用价值在社会再生产中发挥作用的因素，均是影响对外贸易宏观经济效益的因素。

1.比较优势

对外贸易宏观经济效益是通过对外贸易活动实现的价值增值，而价值增值是通过发挥比较优势，即通过出口有比较优势的商品、进口有比较劣势的商品取得的。因此，发挥比较优势是取得对外贸易宏观经济效益的客观基础。

在国际贸易古典模型中，生产的唯一投入要素是劳动，一国的比较优势取决于一国劳动生产率水平及其与世界劳动生产率水平的差异。一国的劳动生产率水平决定了该国生产大部分商品的社会必要劳动时间，进而决定了该国大部分商品的国内价值量水平。商品的国际价值是由世界必要劳动时间决定的，而世界必要劳动时间又是由世界平均劳动生产率水平决定的。因此，商品的国内价值和国际价值的差异主要是由一国劳动生产率水平与世界平均劳动生产率水平的差异形成的，两者差异的程度和方向决定了商品的国内价值和国际价值差异的程度和方向，进而决定了该国比较优势的程度和方向，决定了该国获得对外贸易宏观经济效益的量和层次。

如果一国的劳动生产率水平大大高于世界平均劳动生产率水平，该国绝大部分商品的国内价值低于同类商品的国际价值，那么在以国际价值为基础的对外交换中，该国以高于国内价值的国际价值输出这类商品，以低于国内价值的国际价值购买某些商品，以少量劳动按质的比例与多量劳动交换，从而取得对外贸易宏观经济效益。由此可见，该国取得对外贸易宏观经济效益是凭借劳动生产率水平的绝对优势。

如果一国的劳动生产率水平低于世界平均劳动生产率水平，该国绝大部分商品的国内价值高于同类商品的国际价值，那么该国进行对外交换只能输出国内价值高于国际价值程度较小的商品，输入国内价值高于国际价值程度较大的商品，实现价值增值。由此可见，该国取得对外贸易宏观经济效益是利用了绝对劣势中的相对优势。

以上两类国家通过对外商品交换，都能够实现社会劳动的节约，取得对外贸易宏观经济效益。劳动生产率水平高的国家通过对外贸易所实现的价值增值量或社会劳动节约量，并不绝对多于劳动生产率水平低的国家。但是，由于两者劳动生产率水平与世界平均劳动生产率水平的差异方向不同，两者借以获得对外贸易宏观经济效益的条件不同，这就决定了两者获得的对外贸易宏观经济效益的层次不同。劳动生产率水平高的国家，由于在劳动生产率水平上有绝对的优势，它所取得的对外贸易宏观经济效益也是绝对的；劳动生产率水平较低的国家，通过利用劳动生产率水平较低这一绝对劣势中的相对优势，获得对外贸易宏观经济效益，这种经济效益的获得是相对的，是有局限性的。因此，前者获得的对外贸易宏观经济效益与后者相比是更高层次的经济效益。

随着国际贸易古典模型的发展，单一劳动要素假设被扩展为多种生产要素假设，从而使得国家的比较优势不仅由劳动生产率水平决定，还可能由国家要素禀赋方面的差异决定。

2.进出口商品结构

进出口商品结构指一国或一个地区，在一定时期内，按各种标志分组，反映各类进出口商品在进出口贸易总额中所占的比重。进出口商品结构会影响国内外价值差异的程度与方向，从而影响对外贸易宏观经济效益。由于经济发展的不平衡，一国内各部门、各行业的劳动生产率水平参差不齐，与世界同行业平均劳动生产率水平也有一定的差异。由于各部门、各行业劳动生产率水平相异，一小时国内平均劳动投入到不同经济部门或行业所形成的国内价值量也就不同，这是劳动生产率的"内差异"。又由于国内各行业劳动生产率水平与世界同行业平均劳动生产率水平有一定的差异，同一国内价值量在国际市场上得到承认的程度也就不同，这是劳动生产率的"外差异"。因此，劳动生产率的双重差异使出口商品结构极大地影响输出的国内价值量以及该国内价值量在国际市场上得到承认的程度。另外，由于相同的原因，同一国际价值量，由于其物质承担者不同，在国内市场上会被承认为不同量的国内价值，而对外贸易所实现的价值增值正是国内价值的增值。从以上分析可以看出，进出口商品结构是影响对外贸易宏观经济效益的重要因素。

此外，进出口商品结构的合理程度，影响着对外商品流通对再生产促进作用的发挥。例如，理想的进出口商品格局应是出口长线产品（指从全局来看，供应量超过需求量的产品），进口短线产品（指从全局来看，供应量小于需求量的产品），缩小供给与需求的缺口，即只有符合国内供求结构差的进出口商品结构，才有利于增加对外贸易宏观经济效益。如果进出口商品结构安排不当，进口商品集中在长线产品，出口商品集中在短线产品，加剧国内短缺，那么这种进出口商品结构可能在短期内有利于通过国内外价值差异获得价值增值，但对国内社会再生产的顺利进行会产生不良影响，不但无法缓解国内产业结构对经济增长的制约，还加剧了国内产业结构的不平衡。这种不合理的进出口商品结构下的对外贸易，其经济效益是无法持久的。

3.价格机制

比较优势是实现对外贸易宏观经济效益的基础,而比较优势得以实现的必要条件是准确的价格信号,因为只有当比较差异正确地表现为价格差时,对外贸易才能进行,比较优势才会转化为现实的对外贸易宏观经济效益。一旦价格信号不够准确,由价格差所表现出来的比较优势也就是不真实的,自然也无法实现经济效益。因此,价格机制,即价格是否真实地反映价值、价格与价值的背离程度,是影响对外贸易宏观经济效益的关键因素。

如果一种商品的国内价格严重偏离国内价值,价格所表示的价值量大大高于实际的价值量,价格对价值的扭曲使表现出来的商品国内价值大大高于同类商品的国际价值,从而导致实际上具有绝对优势或相对优势的商品貌似具有绝对劣势或相对劣势,使本该出口的商品成为事实的进口商品。同样,如果表现出来的商品国内价值低于同类商品的国际价值,也可能使本该进口的商品成为出口商品。由此可见,价格对价值的扭曲会影响比较利益的表现,影响最优的进出口商品结构的形成,进而影响实际的价值增值量或劳动节约量,影响对外贸易宏观经济效益。

4.汇率机制

对外贸易部门是特殊的经济部门,它联系着国内外的生产和流通,在每一次对外商品交换中通常都要使用两种或两种以上的货币计价,这就使得通过交换实现的社会劳动节约或价值增值的表现更为复杂。通过交换实现的价值增值要想得到正确表现和反映,一方面要求国内外价格都必须真实地反映商品的国内价值和国际价值;另一方面要求计价货币的"价格",即汇率正确反映每一单位本币和外币所代表的价值量的关系。这两个条件缺一不可。即使商品的国内外价格能正确反映商品的国内外价值,如果汇率不能正确反映参与交易的不同货币之间的关系,那么通过对外交换产生的价值增值也得不到正确反映。

如果汇率高估了每单位本国货币所代表的价值量,实际上出口可以节约劳动的商品似乎也成了亏损商品；而如果汇率低估了每单位本国货币所代表的价值量，则可能使实际上没有优势的商品出口。由此可见，汇率机制会影响比较利益的表现，也会影响最优的进出口商品结构的形成，从而影响对外贸易宏观经济效益。

5.政府宏观调控力度

政府实施宏观调控政策，如产业政策等，能够弥补市场缺陷，追求长远发展目标，还可在一定程度上改善进出口商品结构，从而影响对外贸易宏观经济效益。

（二）影响对外贸易微观经济效益的因素

对外贸易微观经济效益的表现形式是外贸企业的财务性盈亏，是由商品的国内外价格差直接决定的。在不存在价格差扭曲、汇率扭曲的情况下，外贸企业的财务性盈亏应与比较利益所赋予的贸易经济性盈亏是一致的。此时，从事对外贸易活动的企业，从理论上讲其经营成果必须是盈利的，否则其资本就会转移到其他有可能盈利的经济部门。但在存在价格差扭曲、汇率扭曲的情况下，外贸企业的财务性盈亏就可能背离贸易经济性盈亏，即财务性盈利或亏损的表象背后，其贸易经济性盈亏可能存在与之不一致甚至相反的状况。

在市场机制充分发挥作用，价格与价值相一致，且汇率准确反映参与贸易的几种货币之间关系等条件下，影响对外贸易微观经济效益的主要因素是企业的经营机制、管理机制等。而在存在价格差扭曲、汇率扭曲的环境中，影响对外贸易微观经济效益的因素就要复杂得多，许多因素往往是外贸企业不能控制的。

四、协调发展视角下提高对外贸易经济效益的途径

制约和影响对外贸易经济效益的因素是多方面的,包括国内的和国外的、局部的和全局的、价值的和使用价值的,这些因素交织在一起,错综复杂。因此,在协调发展视角下如何提高对外贸易经济效益也必然是十分复杂的问题。

(一)提高对外贸易宏观经济效益的途径

提高对外贸易宏观经济效益,就是要积极有效地参与国际分工,发展对外贸易,最大限度地节约社会劳动,促进国民经济的发展。这要求国家制定科学、严谨的产业政策,优化产业结构和进出口商品结构等;建立高效的宏观调控体系,协调对外贸易宏观经济效益与对外贸易微观经济效益的关系;加快完善社会主义市场经济体制,既要发挥市场在资源配置中的决定性作用,又要更好发挥政府宏观调控的作用。

1.优化产业结构及进出口商品结构

优化产业结构及进出口商品结构,是提高对外贸易宏观经济效益的重要途径。而优化进出口商品结构的前提条件是要优化本国的产业结构,因为产业结构是进出口商品结构的基础。只有优化产业结构和进出口商品结构,才能提高我国在国际分工中的地位,从而提高我国的对外贸易宏观经济效益。

2.建立高效的宏观调控体系

对外贸易宏观经济效益与对外贸易微观经济效益是整体和局部的关系,对外贸易微观经济效益是对外贸易宏观经济效益的组成部分,但对外贸易宏观经济效益并不是对外贸易微观经济效益的简单相加。国家和外贸企业作为不同的利益主体,在对外贸易经济行为中追求的效益目标有一定的差别。国家的效益目标并不能涵盖所有的外贸企业效益目标;而外贸企业效益目标有时甚至会与国家的效益目标相悖。因此,为了尽可能使两者统一起来,国家应加

强宏观调控，建立高效的宏观调控体系，既要满足外贸企业的效益目标，又要保证国家的对外贸易宏观经济效益目标的实现。

3.完善社会主义市场经济体制

完善社会主义市场经济体制，是提高对外贸易宏观经济效益的保证。必须加快完善社会主义市场经济体制，使市场在资源配置中发挥决定性作用，更好发挥政府作用，推动我国经济同世界经济互接互补，更好地利用国际分工，提高我国生产力水平。

完善社会主义市场经济体制，也有利于我国更好地利用国际竞争，推动我国企业和国民经济的技术改造，促进我国产业结构、经济结构的优化。

完善社会主义市场经济体制，还有利于我国外贸企业在国际市场竞争中更好地生存、发展，从而从整体上提高外贸企业的市场竞争力。

（二）提高对外贸易微观经济效益的途径

为了提高对外贸易微观经济效益，必须为企业创造公平竞争的市场环境，从微观层面上进行变革，挖掘企业内在潜力。

1.建立现代企业制度

提高外贸企业经济效益首先要建立产权清晰、权责分明、政企分开、管理科学的现代企业制度，使外贸企业真正成为自主经营、自负盈亏、自我发展、自我约束的独立生产者和经营者。

2.转变外贸企业经营模式

外贸企业的经营模式应由商品经营向资本经营转变。商品经营是以完成进出口商品计划为特征的经营模式；而资本经营是以利润最大化和资本增值为目的，以价值管理为特征，通过生产要素的优化配置和资产结构的动态调整，对企业所控制的内外部有形与无形资产进行综合运用的一种经营模式。实行资本经营，要求外贸企业按照资本运动的一般规律进行进出口贸易活动，以实现资产增值和效益最大化的目的。

具体来说，优化资产结构是实行资本经营的基本要求。企业的资产结构是影响企业经营效果的重要因素。企业的资产结构不仅指各种资产在企业总资产中的比重，也包括各种融资方式的搭配，如自有资金，银行借款与债券，优先股、普通股的比例等。我国外贸企业目前存在自有资金比重小、负债率高、财务风险大等问题，这势必影响其稳定发展。外贸企业必须开拓新的融资渠道，在社会主义市场经济环境中取得安全的资金供应，以满足企业发展的资金需要，优化资产结构，实现经营模式的转变。

3.推动大型外贸企业走实业化、国际化、集团化道路

外贸企业传统单一的发展道路已难以适应快速变化的国际经济环境，必须转向实业化、国际化、集团化道路，以增强抵御风险、综合利用生产要素的能力。外贸企业尤其是大型外贸企业，应加强横向、纵向联合，实行"一业为主，多种经营"的方针，实现规模经营。此外，大型外贸企业在经营进出口商品的同时，利用自身联系广、信息灵的优势，积极参与技术进出口贸易、国际服务贸易、国际投资等活动，在国内市场上参与各种实业化经营，如制造业、运输业、房地产业等，走实业化、国际化发展模式，使自身拥有的资源得到更有效的配置，降低运营成本，改变投入与产出关系，从根本上提高创造效益的能力。

4.推动生产企业技术进步

制约外贸企业获得较高经济效益的一个重要原因是出口商品的质量低、包装简陋，交货不及时，不能满足国际市场需求，从而导致售价降低。因此，企业必须加大技术改造力度，推动自身的技术发展，增加产品技术含量，从而增加产品附加值，最终实现提高对外贸易微观经济效益的目的。

5.建立科学的企业管理制度

外贸企业内部管理制度的完善是提高对外贸易微观经济效益的关键。外贸企业应按照社会主义市场经济体制的要求，建立以财务管理为中心、资金管理为重点的企业管理制度，辅之以健全的劳动管理、人事管理、分配管理等制

度，建立约束和激励机制，从而提高自身的经济效益。

6.培养外贸人才，提高企业职工素质

在社会主义市场经济条件下，外贸企业面临来自国内外的各方面竞争，其能否在竞争中占据有利地位取决于诸多因素，而企业职工素质是极为重要的因素之一。企业竞争在很大程度上是人才的竞争，外贸企业要在国内外竞争中取胜，提高经济效益，必须加强企业职工队伍的素质建设，采取多种形式培养经营决策人才和具体业务人才，建设一支高质量的职工队伍。

第三节 协调发展视角下的对外贸易经济调控

协调发展视角下，采用各种有效的经济调控手段调控对外贸易，主要指的是国家有关部门通过汇率调节、税收调节、信贷调节、价格调节等经济杠杆，间接影响和约束外贸企业的对外经济贸易行为。国家运用这些经济杠杆，发挥市场的作用，影响各调控对象的利益，以实现调控外贸活动和外贸经济关系的目的。各种经济杠杆的功能各有侧重，彼此又存在着密切的联系。因此，实现某一方面的调节目标，往往需要综合运用几种手段；而一种调控手段的运用，往往也会产生多方面的影响。

一、对外贸易经济调控的特点和作用机制

（一）对外贸易经济调控的特点

在社会主义市场经济条件下，国家应遵循价值规律，主要运用经济调控手段调控对外贸易活动。对外贸易经济调控的特点主要体现在以下几个方面：

第一，通过市场机制起作用。政府根据市场信号调节宏观经济参数，通过市场机制的运行实现宏观调控目标。

第二，间接性。国家进行经济调控并不等于直接干预企业的运行，而是通过影响利益分配格局间接影响企业利益，进而调控企业的行为与决策。

第三，非歧视性。国家运用经济调控手段调控宏观经济参数，使企业置身于公平的宏观环境，面对相同的利率、税率、汇率等经济参数，以充分发挥经济调控在促进公平竞争方面的作用。

第四，非强制性。与法律手段和行政手段不同，经济调控手段主要通过影响利益主体的经济利益间接地引导利益主体的行为，对利益主体行为的调控不具有强制性。在经济调控作用下，利益主体可以根据自身对市场趋势的判断，做出与国家调控目标不一致的抉择。

（二）对外贸易经济调控的作用机制

鉴于对外贸易经济调控的特点，其作用机制主要表现为：

一是调节功能，包括调节社会再生产各个环节、各个产业的关系，调节国家、企业、集体、个人之间的利益关系。

二是控制功能，即通过税率、汇率、利率、价格等经济杠杆，引导各项经济活动向社会经济发展的总体目标靠拢。

三是核算功能，即通过发挥价格、税收等经济杠杆的作用，核算劳动耗费，比较投入与产出，平衡社会供给与需求。

四是监督功能，借助审计、银行监管等手段，根据国家相关法律和规章制度，对企业的经济活动及其与政府、职工、其他相关企业的关系进行监督管理。

二、协调发展视角下对外贸易经济调控的实施

（一）以经济杠杆为重要手段，以间接调控为主要方式

社会主义市场经济的发展要求充分发挥市场机制的调节作用。社会主义市场经济具有市场经济的一般特征，就是要使市场在资源配置中起决定性作用，使各种经济活动遵循价值规律，适应供求关系的变化，通过市场竞争与激励作用，辅之以国家对企业经济活动的引导、调节和干预，使资源流向效益最优的企业、部门和地区。因此，协调发展视角下实施对外贸易经济调控应当以经济杠杆为重要手段，以间接调控为主要方式，让市场机制居于调节的中枢，这同计划经济体制下以行政手段为主的直接调控有着本质的区别。

（二）符合国际贸易通行规则的要求

协调发展视角下，实施对外贸易经济调控不仅要满足社会主义市场经济体制发展的需要，还要符合国际贸易通行规则的要求。国际贸易通行规则主要以市场经济的运行为基础，因此，我国实施对外贸易经济调控应主要运用经济手段调控外贸企业的经济活动，减少对企业的直接干预。这样既有利于保证对外贸易经济调控的非歧视性，也有利于维护市场竞争的公平秩序。我国作为国际贸易市场中的负责任大国，必须尊重和执行有关的国际贸易准则和规范，采用规范的宏观管理模式，实施对外贸易经济调控。

第七章　协调发展视角下的
经济发展战略和经济社会发展规划

　　如何发展经济是一个国家现代经济管理面临的首要问题。由于各个国家的发展条件和客观环境不同，发展经济不会只有一种思路、一种方法。具体地说，本国的资源总是有限的，怎样有效地组织和利用它们，以及利用全球化配置的国际资源来实现本国的社会经济发展并达到一定的目标？同时，在这一过程中，要形成怎样的经济结构？如何在新的水平上保持农业与工业的平衡，并使产业结构不断合理化？在对外经济关系中如何自我保护？如何处理地区间的发展关系？这些问题最终都归为一个问题，即在一定时期内，人民的生活质量可以提高到什么程度。要在各种解决方案中做出最优选择，就要确定总的指导方针和统一目标，即经济发展战略和经济社会发展规划。

第一节 经济发展战略的意义、构成要素与类型

一、经济发展战略的意义

经济发展战略是对国家在一定时期内经济发展目标、方向、道路从总体上做出的最基本的概括性描述，具有长期性（一个较长时期内的指导性战略）、稳定性（不宜频繁变动）、全局性、概括性的特点。它突出了经济发展思路中最具有关键意义的谋划和中心要求，而不是若干主要政策的简单汇集。它是立足于全局、满足长远发展需要、确保手段与目的一致的科学判断，而不是从局部或当前利益出发的主观要求和具体措施。

经济发展战略在现代经济管理中的意义表现为以下几个方面：

（一）是国家最高政治决策的重要内容

经济发展战略的形成必须着眼于国家的政治、经济和文化的使命。作为国家的重大决策，经济发展战略自觉地为实现本国的历史任务，提高本国的综合竞争力，在国际上争取主动权和优势地位贡献力量。

（二）为经济管理的全过程提供了基本框架和依据

我国的经济发展实践表明，正确的经济发展战略为经济管理奠定了良好的基础。各项政策的制定，各项计划的编制和执行，经济运行中的导向和约束、鼓励和监督等，都是在经济发展战略的指引和约束下进行的，都是为了实现经济发展战略的目标。分析评价经济管理的成效，也要以其是否符合经济发展战

略的要求为基本准则。

（三）对资源配置的取向和效率起决定性作用

在当代国际社会中，一国的综合国力从根本上取决于该国的经济实力。因此，经济发展战略是在全面分析国内外环境的基础上提出来的。对于如何发挥本国优势，组织和利用国内外的资源，为本国经济发展创造更加广阔的空间，把当前利益和长远利益结合起来，并取得经济效益等关键性问题，只有从战略的角度出发，才能得到科学的论证。由此可见，经济发展战略对国家经济发展中的资源配置的取向和效率发挥着决定性作用。

（四）是推动经济发展取得成效的基本保证

经济发展的成就与挫折，是经济发展战略实施的结果，最终要从经济发展战略上找原因。建立在科学依据上的经济发展战略是经济发展取得成功并长期受益的基本保证。当然，经济发展战略的科学性是有条件的。成功的经济发展战略也不能一劳永逸。在新的形势下，保证经济发展战略的科学性，就要加强对经济发展战略实施过程的追踪与研究，及时进行战略修订和调整，以确保经济发展战略在经济管理中的指导地位。

二、经济发展战略的构成要素

经济发展战略的内容由若干要素构成。战略方针、战略目标、战略重点、战略布局、战略步骤、战略对策是经济发展战略必不可少的组成部分，被称为经济发展战略的六大要素。

（一）战略方针

战略方针即指导思想，是制定经济发展战略的理论依据和指导原则。战略方针指导和决定了战略目标的选择、战略重点的确定和战略对策的实施。战略方针的正确与否，直接关系到整个经济发展战略是否符合社会发展实际，是否切实可行。我国在经济社会发展的过程中，坚持将马克思列宁主义基本原理同中国的具体国情相结合，以客观经济规律为战略指导思想，来确定我国的经济发展战略目标，选择有利于实现战略目标的发展模式和途径，采取相应的战略步骤和战略对策。

（二）战略目标

战略目标是指经济发展战略所确定的经济社会发展在一定时期内要达到的预期要求和结果，它是经济发展战略的重要组成部分。战略目标是经济社会发展的总体目标和长远目标。国家各项长期经济社会发展计划的制订都是以战略目标为依据的，国家各项长期经济社会发展计划就是经济发展战略目标的具体化。战略目标既是经济发展战略提出的出发点，又是经济发展战略实施的最终成果。目标是战略的灵魂，没有明确的目标，战略的其他内容就没有任何意义。

经济发展战略目标一般包含三个方面的要求：①经济增长目标，该目标往往是一个总量指标，如经济规模、增长速度等；②人民生活水平和其他社会经济质量目标，如人均收入或消费的增长率等；③综合国力目标，如投入产出规模、进出口总额、产业结构、经济效益，以及针对本国必须解决的特殊重大问题而设定的目标。

（三）战略重点

经济发展战略重点是指一定时期内，对整个经济发展战略目标的实现具有举足轻重意义的关键环节。在军事战略中，战略重点指的是一种集中优势兵力重点突破，抓住关键环节打歼灭战的指导思想。经济发展战略重点是这一指导思想在经济发展领域的扩展和延伸。发挥战略重点的作用，能够恰当地集中调配有限的资源和力量，促进关键环节的突破和发展，以带动整个经济社会的全面发展。

在经济发展战略中，可能成为战略重点的领域有：①实现发展战略目标过程中的关键领域，如教育、科学技术等；②在国民经济中既重要又属于薄弱环节的领域，如农业；③国民经济中的潜在优势领域，如水力资源利用；④具有扩散效应的领域，如某些原材料工业。

（四）战略布局

战略布局是资源配置的空间部署。一个国家内部的区域间经济发展水平往往是不平衡的，这不仅因为自然资源条件的禀赋有地区差别，还因为经济开发有先后、现有经济水平有高低。区域发展不平衡是我国经济社会发展的基本情况之一，如何处理经济发展中的区域关系，是经济发展战略必须回答的问题。因此，在制定经济发展战略时，相关部门要注意战略布局的科学性，使资源配置兼顾不同地区的发展需要，缩小地区发展差距。

（五）战略步骤

经济发展战略是一个长期的发展决策和计划，战略目标需要经过一个相当长的时期才能逐步实现。因此，在落实经济发展战略目标时，必须分阶段、按步骤，将长期的战略目标分解为阶段性战略目标。战略步骤是实现目标顺序的过程，同时也是对这一过程的时间界定。一般来说，战略步骤分为三步，即准备期、发展期和完善期。经济发展战略中应明确规定每一个步骤的阶段性目标和任务，使前一阶段为后一阶段打下坚实基础，而后一段又为新的阶段创造条件。

（六）战略对策

战略对策是针对实现战略目标过程中的矛盾所采取的基本政策和基本措施。为了保证经济发展战略目标的实现，必须在制定战略目标的同时，制定相应的战略对策，以具体落实和执行战略目标中规定的各项任务。战略对策包括与实现战略目标相配套的各种政策、法规，以及实现目标的方式、方法等。战略对策运用是否得当，会对整个经济发展战略的实施效果产生很大的影响。正确、恰当、灵活的战略对策，对战略目标的实现将起到巨大的推动和促进作用。

三、经济发展战略的类型

按照某一战略要素的不同特征，人们可以将经济发展战略划分为不同类型。研究经济发展战略的类型，能够突出战略要素的特征，强化这种类型对经济发展的约束条件和特定要求。此外，对经济发展战略的分类有利于国家在制定战略或调整战略时，根据已有的条件做出选择，也可以为实行某种类型的战略创造积极的条件。

（一）根据战略目标的指导方针划分

1.自足型战略

自足型战略又被称为自我保护型战略，是在经济发展水平比较低，或在特定的战略环境下采用的战略。自足型战略的总体特点是自给自足、自我完善、稳定增长。在当前的国际环境下，自足型战略作为国家总体战略已不适用，但可用于某些具体的经济部门。

2.模仿型战略

模仿型战略即完全或基本照抄、照搬发达国家发展模式的战略。历史上，一些发展中国家采用过这种战略，绝大多数以失败告终。

3.赶超型战略

赶超型战略指的是以发达国家的发展水平为目标，争取用较短时间达到相同水平的发展战略。与模仿型战略相比，赶超型战略目标的实现方法、手段并不一定是模仿。采取赶超型战略的国家有的成功了，有的失败了。

4.竞争型战略

竞争型战略是通过发挥进取精神，争取确立本国优势地位的发展战略。竞争型战略的目标具有强烈的针对性，有潜在的"取代""排他"意识。

5.协作型战略

协作型战略指的是利用在国际经济关系中的某些条件，发挥本国优势，与其他国家相互合作、相互补充、取长补短的发展战略。

（二）根据目标和对策结合的特点划分

1.传统的战略

传统的战略指的是仿照发达国家的发展道路，以实现工业化为目标的经济发展战略。但在当前的国际经济环境中，采用传统的战略的国家，虽经济指标有增长，但经济结构难以实现协调，贫富分化现象较为严重。

2.变通的战略

变通的战略强调平衡发展、结构协调、独立自主。这一经济发展战略不仅重视经济指标的增长，也注重收入分配的合理性，以及满足人民的物质生活与精神文化生活的需要。

3.满足基本需要的战略

满足基本需要的战略强调从本国实际出发，以满足人民基本需要为战略目标。其具体的目标包括经济增长、提高就业率、控制人口、提高人均寿命、提高教育普及率等。

（三）根据战略目标结构的特点划分

1.一元目标战略

一元目标战略的特点是战略目标单一，要求明确。一元目标战略中常见的指标如经济总量的规模、主要产品的产量、人均收入水平等。一元目标战略可以作为一个较短时期的经济发展战略，但一般不能作为长期的经济发展战略，因为一元目标战略往往忽视结构的合理性和长期经济效益的提高，虽然抓住了重点，但不能统筹兼顾，如果作为长期的经济发展战略，可能会使国民经济逐步陷入恶性循环。

2.多元目标战略

多元目标战略的特点是战略目标由几个突出并相互关联的指标和规定组成。常见的指标如经济增长率、就业率等，常见的规定如保持物价稳定等。产业结构多元目标、进出口贸易对象的多元目标等也是多元目标战略中常见的目标。在多元目标战略中，不同目标之间既有联系，又有矛盾，因此，该类战略目标的实现难度必然较大，对经济管理水平的要求更高。

3.综合目标战略

综合目标战略的特点是通过合理的综合目标反映国家对经济发展的多元目标要求。例如，全面建设小康社会这一战略既包括人民物质生活、精神生活、社会保障水平、生态文明程度等多目标的要求，也包括经济规模、经济效益、经济结构、人口控制等方面的要求，是一个综合目标战略。综合目标不是多个目标的简单相加，而是多目标要求与实现条件的集中整合，因此，实现综合目标，能够推动经济社会的全面发展。

（四）根据战略步骤和布局的特点划分

1.平衡发展战略

平衡发展战略主张各产业、各部门齐头并进，平衡发展，建立各产业间相互补充、比例合适的系统，同时建立适当的基础设施。这样可以形成各产业、各部门之间互相提供需要的国内市场，提高投资吸引力。

2.不平衡发展战略

不平衡发展战略主张集中力量首先发展某些部门，以带动其他部门的发展。由于各部门的发展条件、发展水平是不平衡的，为达到新的基础上的平衡，必然要先发展少数部门，再由少数部门的发展带动其他部门发展。这一发展战略强调在资金有限的条件下，有重点地利用资金，以获得较好的经济效益。

3.梯度发展战略

在地区发展关系上，也有平衡发展和不平衡发展的战略区分。不平衡发展战略应用于地区关系，就是梯度发展战略。梯度发展战略是指在一定时期内利用某一地区的有利条件，优先发展该地区，再通过经济辐射或传递作用，带动其他地区的发展。

第二节 协调发展视角下的经济发展战略的确定

一、确定经济发展战略的依据

提出经济发展战略的设想，确定经济发展战略，做出实现战略目标的各项决策，从根本上要对经济发展战略进行基础研究，以掌握足够的决策依据。确定经济发展战略的依据主要有以下三个方面：

（一）对本国经济发展现状的认识与判断

对一个国家现有的生产力水平和当前所处的社会发展阶段的认识与判断，是进一步发展本国经济的出发点。因此，确定经济发展战略，必须对本国经济社会发展水平和发展阶段形成科学的认识和清晰的判断。对本国经济发展现状的评估过低或过高，都将影响战略目标的确定和战略对策的选择。我国经济发展战略的确定是建立在以下认识和判断的基础之上的：

1.对我国生产力发展水平的认识

对我国生产力发展水平的认识，必须基于我国发展的历史方位。2017年，党的十九大报告指出，经过长期努力，中国特色社会主义进入新时代，这是我国发展新的历史方位。中国特色社会主义进入新时代，我国社会主要矛盾已经转化为人民日益增长的美好生活需要和不平衡不充分的发展之间的矛盾。

2021年7月1日，习近平总书记在庆祝中国共产党成立100周年大会上庄严宣告："经过全党全国各族人民持续奋斗，我们实现了第一个百年奋斗目标，在中华大地上全面建成了小康社会，历史性地解决了绝对贫困问题，正在意气风发向着全面建成社会主义现代化强国的第二个百年奋斗目标迈进。"

由此可见，立足趋势性、结构性转变的新发展阶段，贯彻落实创新、协调、绿色、开放、共享的发展理念，加快构建以国内大循环为主体、国内国际双循环相互促进的新发展格局，着力推进高质量发展，成为我国迈向现代化新征程的必然选择。

2.对我国所处发展阶段的认识

中国特色社会主义进入新时代，我国社会主要矛盾的变化，没有改变我国对社会主义所处历史阶段的判断，我国仍处于并将长期处于社会主义初级阶段的基本国情没有变。

当前，我国经济社会发展存在的问题和挑战主要表现为：发展不平衡不充分问题仍然突出，推进高质量发展还有许多瓶颈，科技创新能力还不强；确保粮食、能源、产业链可靠安全和防范金融风险还须解决许多重大问题；城乡区

第七章　协调发展视角下的经济发展战略和经济社会发展规划

域发展和收入分配差距仍然较大；群众在就业、教育、医疗、托育、养老、住房等方面面临不少难题；生态环境保护任务依然艰巨。

（二）对国家经济发展资源的分析和评价

在以和平与发展为时代主题的国际环境中，一国的经济发展主要建立在本国拥有的可利用的资源基础上。确定经济发展战略目标，必须对本国可利用的经济发展资源进行客观的分析和评价，使战略目标和战略对策的内容具有充分可靠的科学依据。从本质上看，对国家经济发展资源的分析就是对经济发展客观条件的分析。

国家的经济发展资源可以分为以下四类：

第一，社会资源。包括人口的规模、结构，劳动者的文化素质，历史传统，社会环境，国际关系等。

第二，经济资源。包括基础结构，产业结构，生产能力，经济规模、效益、体制，对外经济联系等。

第三，技术资源。包括科学技术研究组织、体系，人员规模、结构，工艺水平，科技普及程度，高新技术水平等。

第四，自然资源。包括土地、气候、水、海洋、矿产、生物等。

（三）对国际环境变动趋势的研究和掌握

国际环境的复杂性要求一国的经济发展战略必须立足全球战略的高度，寻求更为广阔的发展空间，争取在更高层次上求得国家的繁荣和发展。这要求国家在确定经济发展战略时，要在全球范围内了解、掌握并综合考虑国家面临的机遇和风险，如技术水平、资源利用程度、市场份额等，从全球战略的高度出发，提出本国的经济发展战略，并在国际环境的变动中适时对经济发展战略进行调整。

二、经济发展战略的转换和调整

制定新的经济发展战略，代替原有的经济发展战略，这就是经济发展战略的转换。保持经济发展战略的目标和基本内容不变，只对战略的某些内容、步骤、布局、对策进行一定的补充、修正或增订，这就是经济发展战略的调整。

经济发展战略的转换和调整，往往是在下列情况下进行的：原有的经济发展战略环境（包括国内的和国际的）发生了重大变化；原有的经济发展战略规定的某些主要任务已经提前实现，或无法继续下去；出现了新的社会、经济、技术和自然资源条件；经济发展战略在实施过程中被发现存在某些缺陷；战略决策层认识上的深化；等等。经济发展战略的转换和调整对国民经济具有广泛的影响，必须慎重。协调发展视角下，现代经济管理者对经济发展战略进行转换和调整必须做到以下五点：

第一，具有高度自觉性，把握时机进行战略转换和调整。把握战略环境的变化，及时主动地提出战略转换或调整建议，从新的战略高度拟定新的发展对策，应成为现代经济管理者的基本素质。

第二，重视经济发展战略的稳定性和严肃性。经济发展战略对经济运行具有决定性的影响。对于必要的一般性转换或调整，如具体对策的转换或调整，在经济发展战略实施的过程中进行即可。但战略目标的变动是关系全局的大事，现代经济管理者必须慎重考虑、反复论证。

第三，制定新的经济发展战略的同时，有必要制定备用方案。这是因为在制定新的经济发展战略时，现代经济管理者会受到自身的局限性和外界不确定因素的影响，因此其需要做好两手准备。

第四，注意新的经济发展战略与原有经济发展战略之间的衔接和平稳过渡。对于体制、结构的重大调整，或不同社会集团之间利益格局的重大变动，现代经济管理者应采取渐进方式逐步进行。

第五，对由经济发展战略转换或调整可能引起的社会心理、观念上的变化，现代经济管理者要做好预案，准备好相应的对策。

第三节　协调发展视角下的经济社会发展规划

一、经济社会发展规划的内容

一是人口规划；二是国土利用和国土整治规划；三是能源等战略性资源开采和利用规划；四是环境保护和污染治理规划；五是科学研究和重大公共性技术开发规划；六是教育文化、医疗卫生、福利保障、就业等社会公益事业规划；七是基础设施建设规划；八是具有自然垄断性质的行业发展规划；九是法治建设、体制变革和政府职能转变规划；十是对外开放进度和国际关系规划。

二、经济社会发展规划的体系

（一）方向性规划——经济发展战略

1.经济发展战略的内涵

经济发展战略是指一个国家在较长时期内，对经济和社会发展全局性、长远性和根本性问题的决策和谋划，是对较长时期内国民经济和社会发展所要达到的目标、解决的重点、实施的步骤、力量的部署、采取的重大措施等进行的总体决策。本章第一节已对经济发展战略的意义、构成要素与类型进行了详细论述，此处不再赘述。

2.经济发展战略在经济社会发展规划体系中的地位

在经济社会发展规划体系中，经济发展战略的地位具有全局性、长远性和根本性特征。具体来讲，就是经济发展战略所要达到的是关系国民经济和社会发展全局的目标，而不是局部的或个别的具体目标；所要实现的是较长时期内的目标，而不是短期内的目标；所要解决的问题是根本性的重大问题，而不是枝节的、细小的问题。

（二）纲要性规划——整体框架设计

1.整体框架设计的含义

在经济社会发展规划体系中，整体框架设计是以历史、现实和未来的环境和条件为基础，以战略目标为导向，以经济发展为主要任务，以宏观政策、科技教育、区域协调、体制改革、制度创新、对外开放等为主要手段，通过社会资源的合理开发和利用，实现经济社会的可持续发展。

2.整体框架设计的形式

在我国，经济社会发展规划的整体框架设计一般以五年规划的形式来反映。五年规划作为我国经济社会发展的宏伟蓝图和行动纲领，其主要内容包括规划期内经济社会发展的指导思想和原则、主要目标、战略重点和主要任务。

（三）调控性规划——总量平衡控制

1.总量平衡控制的含义

总量平衡控制是对各种总量指标关系的平衡，以及对相应经济参数关系的协调。基于市场的相互作用和关系，总量平衡控制涉及的总量指标强调预测性和指导性，而涉及的相应经济参数则强调技术性。政府在市场个体相互关系形成社会总量关系的基础上，制订关于总量平衡和协调的计划，并通过经济政策、经济杠杆和法律手段，改变市场的供求关系和经济参数来实现计划。由于个体的变化以及由它们形成的总量关系都是建立在市场调节的基础上的，因此，总量平衡控制只能起到指导和调控作用，属于调控性规划。

2.总量平衡控制的内容和方式

在社会主义市场经济条件下，总量平衡控制的主要内容就是社会总供给和社会总需求的平衡控制，以及围绕社会总供求平衡的劳动力供求平衡控制、财政收支平衡控制、信贷收支平衡控制等。相关经济参数有经济增长率、物价上涨率、失业率、利率、居民收入增长水平等。

实现总量平衡控制，除了需要充分发挥市场对资源配置的决定性作用，还需要政府依据社会资源状况和社会发展的客观需要，制订经济增长和总量平衡计划，实行引导性的需求和供给管理，以实现宏观经济的总量安排和结构优化。

（四）介入性规划——公共资源动员安排

1.公共资源动员安排的含义

在社会主义市场经济条件下，市场对资源配置起决定性作用，但市场调节存在一定的缺陷，容易产生自然垄断、收入分配不公、公共产品短缺等问题，这些问题需要政府通过实施公共资源的动员安排来解决。可以说，公共资源动员安排是弥补市场缺陷的介入性规划。

2.公共资源动员安排的实现方式

在社会主义市场经济条件下，公共资源动员安排主要是通过分配、投资和经营三种方式来实现的。其中，分配是政府通过参与国民收入分配，实现收入分配的社会公平计划、社会保障计划；投资是政府通过对基础设施、基础产业、公共事业、支柱产业和主导产业进行投资，实现对公共资源的合理运用；经营则包括政府生产和供给、政府采购等。

第八章　协调发展视角下的区域经济空间结构开发

区域经济的空间活动是有一定组织结构的。无论区域之间的经济发展差异多么巨大，经济要素多么复杂，这些经济要素都遵从空间作用规律，在区域经济空间中呈现一个有序的结构。

第一节　区位与区域经济空间结构

人类的任何经济活动都在一定的空间范围内进行，因此对经济活动的研究不仅涉及生产什么、如何生产和为谁生产，还涉及在哪里生产。对于"在哪里生产"这一问题的研究，实质上是为了选择最佳的经济活动空间。对区域经济活动的分析，首先应该建立在对区域经济空间结构的认知基础之上。

一、区位

（一）区位的含义与类型

1.区位的含义

关于区位的含义，存在多种解释：

第一，区位是事物存在的位置或某主体所占据的场所，具体可标识为一定的空间坐标。

第二，区位是确定某主体活动场所的行为。从这层意义上讲，区位具有动词的性质，与"空间布局"类似。

第三，区位是某主体或事物占据场所的状态，相当于"空间分布"。

不管在哪一种解释中，区位一词都包括场所或空间的含义，但又不同于通常所说的场所或空间。区位既有"位"的内涵也有"区"的内涵，还有被设计的内涵。本书认为区位是指人类活动的空间位置。

人类的活动与区位不可分割，如工业、农业、商业等产业活动都离不开区位。这些经济活动的实体都占据着一定的空间，它们占据的空间并不是自然存在的，而是人类活动的空间选择结果的一种表现。因此，经济学中的区位实际上指的是企业、产业、设施等在空间经济格局中的位置，有时特指它们的盈利位置或最优经营位置。

2.区位的类型

人类各种活动都是在特定的空间内进行的，这些活动在空间上的多样化表现形态构成了不同的区位类型。一般来说，根据空间活动内容，区位可以分为工业区位、农业区位、商业区位等；根据空间活动方式，区位可以分为农村区位和城市区位。

各种区位类型是在一定的行为驱动下形成的。例如，有些区位类型是区位主体追求经济利益最大化的结果，而有些区位类型则是区位主体追求最佳社会效益的结果。其中，区位主体主要是指在该区位进行经济活动的主体，如企业经营活动的行为者。

(二) 区位条件与经济区位

1.区位条件

区位有优劣之分，判断区位的优劣主要看区位条件。区位条件是区位所拥有的各种资源要素状况。一般来说，区位条件的特点主要表现在以下几方面：

第一，不同的场所有着不同的区位条件。

第二，人类对自身活动场所的选择在很大程度上取决于区位条件的好坏。

第三，区位条件是相对于主体而言的，区位主体不同，区位条件随之不同。

第四，区位条件随时间而变化。就某一区位主体而言，其经济活动随着时间而发展，对区位的要求也在发生着变化，因而区位条件也随之变化。

第五，区位条件有主次之分。对区位主体进行区位选择产生较大影响的，是主要区位条件，影响较小的是次要区位条件。就工业区位而言，劳动力、资本、能源、运输环境、市场环境等条件是主要区位条件，而经营环境等条件则为次要区位条件。

2.经济区位

经济区位是指某一经济主体为了进行经济社会活动所选择、占据的场所或空间。对于经济主体而言，不同区位具有不同的经济利益。因此，在区域经济学中，经济区位往往反映了经济活动在空间布局上的差异性和规律性。这种差异性和规律性主要体现在距离某一个或几个特殊地点的不同位置所形成的市场、供求、交通等方面的差异。

（三）区位因素与区位选择

区位选择是指企业在众多可能的空间位置中，受到多种区位因素的影响，倾向于选择某一特定地点进行布局的行为。

区位因素的构成是十分复杂的。传统的区位因素包括作为生产要素的土地、劳动力和资本，还包括自然资源、中间产品和技术。在社会主义市场经济条件下，市场在资源配置中发挥着决定性作用，而市场调节的作用制约着传统的区位因素对区位选择的影响。在一定的市场范围内寻找生产成本最低的区位，是产业布局的基本规律，而区位的生产成本又取决于当时当地的基础设施建设状况。

(四)区位决策

1.区位决策的含义

区位决策是区位主体(即决策主体)对经济社会活动区位选择的决定行为。区位决策正确与否主要取决于其能否为区位主体带来经济利益、经济效用及社会价值等,而区位决策的正确与否又受区位因素的影响。区位因素对区位决策的影响主要表现为如何降低成本、扩大销售、增加利润,以及保持最大的稳定性、得到较强的满足感等。对区位因素分析、评估、预测的准确程度,会影响区位决策的准确程度。此外,区位决策还受到区位主体的经营模式喜好、国家的政策法规和公共福利等因素的影响。

2.区位决策的阶段

区位决策是一个复杂的经济行为过程,它与企业的类型、发展历史、发展现状、资金情况、所处经济环境和经营能力等有关。一般而言,区位决策过程要经过以下三个阶段:

(1)市场分析阶段

在市场分析阶段,主要研究的内容是企业的市场容量,包括产品或服务的可能销售范围及销售量等。同时,企业还要分析同类企业的区位分布状况、经营水平、产品种类及所占有的市场容量等。这属于市场调查的内容,也是区位决策的重要依据。只有对可能占有的市场进行详细分析,企业才能确定投资区位、规模和发展方向。

(2)地域选择阶段

从市场的角度来看,地域选择就是指企业要选择能够较快适应并能带来较强竞争力的地域空间。从区位的角度而言,地域选择就是指企业要选择能带来最大利益的区位空间。

(3)地点决定阶段

地点决定阶段是区位选择在地域空间内的具体落实,即区位的最终选择。地点决定阶段所遵循的标准就是区位理论的基本原则,如利润最大化、费用最小化、心理最满足等。

上述三个阶段是指一般的区位决策过程。区位主体不同，其进行区位决策的具体过程也不同。而且，各个阶段受区位因素的影响程度也不相同。

（五）区位理论

人类的社会经济活动与区位是密不可分的。经济学中将研究人类经济和社会活动的场所及场所选择过程的理论，称为区位理论，区位理论主要探索人类活动的一般空间法则。

区位理论可以分为传统区位理论和现代区位理论。

传统区位理论主要是运用新古典经济学的抽象方法，分析影响区位选择的各种因素，其研究对象一般是以追求最低成本或利润最大化为目标，处于完全竞争市场机制下的抽象的、理想化的单个生产者及其聚集地。传统区位理论经历了古典区位理论和近代区位理论两个发展阶段。

古典区位理论主要包括德国经济学家杜能的农业区位论和德国经济学家韦伯的工业区位论。农业区位论认为距离城市远近的地租差异，即区位地租或经济地租，是决定农业土地利用方式以及生产专业化方向的关键因素。韦伯的工业区位论认为运费和劳动力费用是决定工业区位的关键因素。工业区位论是研究工业布局的理论基础。

近代区位理论中，影响较大的是德国经济地理学家克里斯塔勒的中心地理论和廖什的市场区位理论。克里斯塔勒的中心地理论以古典区位理论的静态局部均衡理论为基础，探讨静态一般均衡理论，为之后的动态一般均衡理论的发展奠定了基础。同时，中心地理论使区位理论的研究由农业、工业等生产领域扩展到商业、服务业等消费领域，由局部区域的或个别企业的微观分析，扩展到较大区域范围内的或多个企业的综合分析，成为一种宏观的、静态的、以市场为中心的商业和服务业区位理论。廖什的市场区位理论基于垄断竞争的情况，着眼于确定均衡价格和销售量，由此来确定市场地域均衡时的面积和形状,即蜂窝状的正六边形"面"状市场。

现代区位理论改变了传统区位理论观察问题和分析问题的角度和方式,吸取凯恩斯主义等经济思想,对国家或区域范围的经济条件和自然条件,经济规划和经济政策等进行了宏观、动态和综合的分析研究,形成了成本—市场学派、行为学派、社会学派、历史学派、计量学派等流派。

虽然区位理论对现代区域经济发展研究具有重大贡献,但由于其研究的对象只是工业企业、农业等单一的社会经济客体,所概括的只是这些经济客体的空间运动和空间定位规律,因此,区位理论在具有进步性和科学性的同时,又具有某些方面的局限性,限制了理论研究向纵深发展。特别是在当下,在经济全球化和一体化趋势日渐明显的发展背景下,影响国家和区域社会经济发展的各种因素之间相互作用的形式和后果更为复杂,这要求区位理论要有新的突破和进展,以摆脱局限性,并结合新的现实进行探索和研究,于是产生了区域经济空间结构理论。

二、区域经济空间结构

(一)区域经济空间结构的基本内涵

"结构"一词,原指建筑物的内部设置,常用于土木工程领域,其指向对象是实体。空间结构中的"空间"是指经济现象和经济变量在一定地理范围中以分布的位置、形态、规模以及相互作用为特征的存在形式和客观实体,它反映的是以地理空间为载体的经济事物的区位关系和空间组织形态。从实质上看,区域空间结构就是一种空间的秩序,它有广义和狭义之分。

从广义上讲,区域空间结构即为地域结构,它是区域内各种组成要素的空间关系的总称,具体包括区域中各种自然要素、经济要素和社会要素在地域上的分布及组合状态。区域中的水、土地、气候、生物、矿物等自然要素的地域分布与组合，构成了区域自然空间结构。工业、农业、商业以及人口和城镇等经济要素、社会要素的地域分布与组合，则构成了区域社会经济空间结构。区域社会经济空间结构和区域自然空间结构在地域上的复合，则组成了完整的区域空间结构。

从狭义上讲，区域空间结构就是指区域经济空间结构。作为区域经济结构的一个重要方面，区域经济空间结构是指各种经济活动在区域内的分布状态、组合形式、形成机制和演进规律。一方面，各种经济活动的生产需要把分散在地理空间上的相关要素组织起来，形成特定的区域经济活动过程；另一方面，各种经济活动之间需要相互联系、相互配合，然而它们的区位指向又不尽相同，因此就需要相关经济管理者克服地理空间分隔的障碍，将这些经济活动连接起来，使其形成一个大的经济系统。区域经济发展始终都要考虑如何实现要素的空间优化配置和经济活动在空间上的合理组合，以此来减少空间距离对区域经济活动的约束。可见，狭义的区域空间结构表明了区域经济客体在空间中的相互作用关系，以及反映这种关系的客体与现象的空间集聚状况和集聚程度，是从空间分布、空间组织角度对区域发展状态和区域社会经济有机体的考察。本书所说的区域空间结构均为狭义的区域空间结构，即区域经济空间结构。

（二）区域经济空间结构的构成要素

一般来说，区域经济空间结构的构成要素主要包括节点、线、网络和域面四种。

1.节点

（1）节点的含义

在一定区域范围内，由经济活动内聚力而产生的极化作用，使经济活动向区域的经济中心集中，这样的经济中心被称为节点。节点一般表现为因人口集中分布而形成的居民点和城镇。

通常情况下，一定区域范围内的节点存在着规模上的不同，而不同节点之间在数量和规模上的相互关系就构成了节点的规模等级体系。在一定的区域范围内，各节点以特定的区域职能服务于周围的地区。因此，各个节点在社会经济活动中因各自分工不同而构成了节点的职能体系。节点的空间分布体系则是由一定区域范围内各节点在空间形态上的组合形式、相互分布位置的状况决定的。节点的空间分布体系是节点职能体系和规模等级体系在区域空间组合中的结果和表现形式。

（2）节点的特征

节点是区域经济空间结构的最基本构成要素。它有以下特征：

第一，节点有明确的位置。每一个区域经济活动的中心，都有其自然地理位置和经济地理位置，这些位置信息能够清晰无误地在地图上通过坐标系统标示出来。

第二，节点有大小和形状。由于相互作用的大小和着力点不同，在不同地域形成的节点，可能有大有小，并呈现出不同的形状。例如：平原地区的城市经济中心，可能是同心圆的形状；而山地或丘陵地区的城市经济中心，大多是沿着河流呈带状分布。

第三，节点具有不断聚集的作用。一个节点形成之后，由于其极化作用，城市经济中心会不断成长，节点的规模也随之变大。节点的聚集作用实际上就是增长极的作用。

第四，节点内部存在明确的功能分区。节点一般表现为城市经济中心，如果将节点放大来看，节点内部存在着工业区、居民区、商业区和办公区等功能分区。这种节点内部的功能分区的标准，取决于这个节点本身的地位和作用，是节点经济要素聚集的反映。

第五，节点有数量和质量的概念。在一个区域经济空间结构内，节点是有一定数量的；同时，对节点质量的衡量也可以通过指标或指标体系来进行，常见的指标如国民生产总值、工业总产值等。在区域经济空间结构中，节点的数量和质量对区域经济发展产生的影响很大。

2.线

区域经济空间结构中的线主要包括交通线路、通信系统、给排水系统等，其中以交通线路为主。交通线路包括铁路、公路、内河航线、海运航线等。交通线路必须具有一定的长度、方向、起点及终点，并由此规定其在空间中所处的位置。同时，根据线路的自然状况、技术装备状况等条件，各种交通线路往往被划分为若干质量等级。

衡量区域经济空间结构中交通线路发达程度的指标主要有线路总长度和线路密度。线路密度计算方法一般有两种：一是区域经济空间结构内部的各类交通线路的总长度与区域总面积之比；二是各类交通线路的总长度与区域总人口之比。

对于区域经济空间结构而言，线是将分布在空间中的点联系在一起的重要通道。例如，交通线路将主要城市经济中心联系在一起，市场流通渠道则发挥着组织区域产品流动的作用。

3.网络

区域经济空间结构中的网络是由相关节点和线连接而成的，节点是网络的核心，线是节点之间、节点与域面、域面与域面之间进行功能联系的通道。根据连接紧密程度和功能的不同，网络可分成单一的网络和综合的网络。单一的网络如交通运输网络、通信网络等，综合的网络则是由不同等级和性质的节点和线组成的多功能网络。区域经济发展中的各种人流、技术流、资金流、信息流、商品流等都是通过相应网络进行传递的。在区域经济空间结构的网络中，交通运输网络的影响最大，作用最明显。

结合各地的区域经济空间结构，网络的分布大致有下列几种形式：

（1）放射状网络

放射状网络以节点为一个重要的交通枢纽，多条交通线路由节点伸向各地，有的又形成放射状与环状相结合的形式，加强了节点的作用。节点位于放射状网络的中心，将形成大城市或特大城市，城市的规模一般与放射状网络中线路的密度呈正相关。

（2）扇状网络

扇状网络主要指位于港口地区的网络。港口为主要枢纽，交通线路由此向内地分布，港口规模一般与扇状网络的密度呈正相关。如我国以上海为中心的长三角地区。

（3）轴带网络

轴带网络指以铁路、公路、水路等主轴带为基干而形成的网络。轴带网络的主轴带上会形成若干城市，进而形成城市带和经济区。

（4）过境网络

过境网络指的是区域经济空间结构中呈"十"字形、"井"字形的交通线路形成的网络，这些交通线路过境意义明显，在节点形成城镇。

（5）环状与"一"字形网络

受自然条件的影响，沙漠地区的交通线路一般形成环状网络，边远地区和边境地区的交通线路则形成"一"字形网络。环状与"一"字形网络的特点是只有一条主要交通线路，其他的线路均为级别较低的线路。

4.域面

域面是指区域内某些经济活动在空间地理上所表现出的面状分布状态。域面是区域经济空间结构的基础，也是区域内其他要素的基础，同时又是节点和网络的作用在地表上的扩展。域面与区域本身存在着区别，虽然两者的空间范围大体一致，但域面不包括节点和网络。一般把一个区域中核心节点（即城镇）和交通运输网络之外的广大外围地区称为域面，主要包括工矿区和广大农村地区。

域面作为各项空间经济活动的"场所"，其空间范围及内部要素的密集程度随着域面与节点、网络之间相互作用的状态而变化。一般来说，域面的发展水平越高、经济规模越大，其节点就越多，网络就越密，空间结构就越合理，空间结构的功能就越完善。

（三）区域经济空间结构各构成要素的组合模式

在一定的区域中，节点、线、网络以及域面之间的不同组合可形成多样化的空间结构模式。在工业化时代，经济活动的空间布局主要以矿产、资本、土地、劳动力等资源的开发与利用为基础，遵循成本最低原则。这些不同的空间布局形成的黏合力使人流、技术流、资金流、信息流、商品流等围绕着几个主要的经济增长中心进行传递，铁路、公路的货物运输占主导，资金流动的国际性不强。因此，在港口、铁路枢纽、公路枢纽等节点的周围出现了大量工业增长中心、工业化城市，形成了具有一定吸引力的经济区域或工业走廊。城市往往沿着主要的交通运输方向进行蔓延式发展，而具有一定规模的城市通常会在一些工业发达的地域形成。

近年来，基于信息和知识的发展模式随着信息技术的发展而产生，这一新的发展模式为原有的区域经济空间结构的构成要素赋予了新的含义，并在此基础上产生了与工业化时代不同的新的空间组合模式。在这些新的组合模式中，信息流对空间重组过程起着非常重要的作用，信息产业、知识资源等为区域经济发展作出了重要的贡献，信息网络对区域经济空间结构的塑造作用在一定程度上改变了原有的由交通区位所决定的空间格局。

（四）区域经济空间结构的基本特性

1.整体性

任何区域经济空间结构都是由节点、线、网络和域面四者组合而成的，它们相互联系、相互作用，形成一个统一的整体。综观区域经济空间结构的发展过程，这四个基本构成要素始终都是紧密结合在一起的。

2.系统性

任何区域经济空间结构都不是孤立存在的，而是在与其他区域经济空间结构相互联系、相互制约中存在和发展的。世界范围的区域经济空间结构是一个复杂的大系统，各国及其内部各区域经济空间结构则是这个大系统中的子系统，各个区域经济空间结构之间是通过复杂的网络联系起来的。

3.层次性

区域经济空间结构的层次性主要表现在两个方面：一方面是从某一区域在更高一级区域中所处的地位来看，这种层次性主要在区域核心层次结构上，即层次高的区域核心支配较大面积的区域，它通过对低层次区域核心的支配来控制域面；另一方面，就区域自身的发展水平、所处的发展阶段而言，各个区域经济空间结构又有高、中、低层次之分，每个区域经济空间结构与其生产力水平相对应。就一个具体区域而言，该区域经济空间结构的发展总是一个由低级向高级演化的过程。因此，层次性的实质表明了区域经济空间结构所具有的产生、发展和演化特征。

4.区域性

空间是物质存在的一种客观形式，空间的存在使得地理事物得以存在，而空间的具体化则产生了地区，乃至区域。区域和空间联系在一起形成了区域—空间统一体。区域以空间的存在为基础，空间因产生了区域而有意义。忽视空间的区域性特征而单纯地研究经济事物，会使得区域经济空间结构的理论在实际应用中显得苍白无力，因为经济规律发生作用离不开一定区域的空间特性。同样，离开具体的区域范围而抽象地研究空间特征也无法对现实经济发挥指导作用。区域的范围有大有小，因而在研究区域经济空间结构问题时，必须将研究范围相对固定在具体的空间内，深入分析影响区域经济空间结构形成的因素及其内在联系，以及在区域范围内空间结构变化的规律和特征。

第二节　协调发展视角下的区域经济空间结构开发模式

一、增长极开发模式

增长极开发模式是增长极理论在区域经济空间结构开发实践中的应用。增长极理论自提出以来，经过许多学者的努力得到了完善。

（一）增长极理论的基本内涵

增长极理论最初由法国经济学家佩鲁提出。该理论主要的观点是：经济增长通常是从一个或数个"增长中心"逐渐向其他部门或地区传导，因此，应选择特定的地理空间作为增长极，以带动经济发展。许多区域经济学者将这种理论引入地理空间，用它来解释和预测区域经济空间的结构与布局。后来法国经济学家布代维尔将增长极理论引入区域经济理论中，之后，许多学者分别在不同程度上进一步丰富和发展了这一理论，使这一理论在区域经济空间结构的开发工作中演变为了一个重要的理论观点。

把握增长极理论的内涵与政策主张，关键是要搞清楚什么是增长极，以及增长极是如何形成的。

1.增长极的概念

增长极就是一定区域的推进性产业。佩鲁认为，现实世界中经济要素的作用完全是在一种非均衡的条件下发生的。经济增长并不是同时在任何地方出现，它以不同强度首先出现在增长点或增长极上。增长极通过发挥吸引力和扩散力，不断扩大自身规模，对所在部门和地区产生支配性影响，不仅使所在部门和地区获得优先发展，而且能够带动其他部门和地区的迅速发展。

2.增长极的形成

佩鲁认为，增长极的形成应具备以下三个条件：一是该区域有具备创新能力的企业和企业家群体。具有创新能力的企业在一些区域的集聚和优先发展，形成多功能的经济集聚中心，即增长极。而具有创新精神的企业家则是创新型企业的主体，可以带动企业进行技术创新和制度创新，而且能带动一批追随和模仿创新型企业的新企业不断涌现。二是该区域要有一定的规模经济效应。增长极所在区域不仅要集中一批创新型企业和产业部门，而且要有效吸引资本、技术和人才等生产要素集聚。这一集聚现象所催生出的经济中心，如同一个"磁场极"，对周围地区的产业部门产生强大的吸引和辐射作用，并带动周围地区的经济增长。三是该区域要有适宜的经济增长环境，经济增长环境既包括交通、通信等基础设施环境，也包括政治、经济、法律、文化等非物质因素方面的环境。

经济增长极的形成方式有两种，一种是由市场自发形成的经济增长极。佩鲁认为，经济空间存在若干中心、力场或极，这些中心、力场或极如同"磁极"一般，持续产生各种离心力和向心力，从而形成相互联合的一定范围的"场"，且这一过程是处于非平衡状况的极化过程。极化的结果则是一些创新型企业在一定区域的集聚和优先发展，从而形成经济中心。这些经济中心不仅能实现自身发展，而且能够发挥吸引力和扩散效应带动其他部门与地区发展。

另一种是由计划机制支配的诱导性经济增长极。在佩鲁之后的一些学者看到了由市场自发形成的经济增长极总是倾向于扩大而不是缩小区域经济差距。在此基础上，瑞典经济学家缪尔达尔和美籍德裔经济学家赫希曼都认为，在市场机制的自发作用下，回波效应（即极化效应）总是大于扩散效应（即涓流效应）。因此，为防止区域经济差距过于悬殊，政府不应消极等待增长极发挥扩散效应，而应采取积极的干预政策，刺激落后地区的发展。此后，美国经济学家罗德温（L. Rodwin）提出集中的非中心化区域发展理论，强化扩散效应，遏制回波效应，并主张在边缘落后地区建立新的增长极或增长中心，使发达地区的原有增长极和落后地区的新增长极协调发展。

（二）增长极对周围地区的作用机理

增长极是由主导产业和有创新能力的企业在某些地区或大城市集聚发展而形成的经济活动中心，这些中心具有生产中心、贸易中心、金融中心、信息中心、交通运输中心、服务中心、决策中心等多种功能，恰似一个"磁极"，能够产生吸引和辐射作用，在促进自身发展的同时推动其他产业和地区的经济增长。增长极对周围地区的作用机理主要表现为四种形式：支配效应、乘数效应、极化效应、扩散效应。

1.支配效应

增长极上的产业具有技术、经济方面的先进性，能够通过与周围地区之间的要素流动关系和商品供求关系对周围地区的经济活动产生支配作用。周围地区的经济活动随着增长极的变化而发生相应的变动。

2.乘数效应

受循环累积因果理论的影响，通过投入产出意义上的产业关联和地区关联，增长极对周围地区经济发展的示范、组织和带动作用会不断得到强化，其影响范围和程度也随之增大。

3.极化效应

由于增长极上的主导产业的发展，增长极具有相对利益，产生吸引力和向心力，使周围地区的劳动力、资金、技术等要素转移到核心地区，剥夺了周围地区的发展机会，从而导致核心地区与周围地区的经济发展差距扩大，这就是极化效应。极化效应发生作用是通过资本、货物和服务等的流动得以实现的。

4.扩散效应

扩散效应表现为经济要素从核心地区向外围地区扩散、延展，从而带动整个区域经济的发展。

从增长极的上述作用机理可以发现：一方面，区域中的各种产业将以增长极为核心建立区域产业结构；另一方面，增长极的形成，必然改变区域的原始空间平衡状态，使区域经济空间结构出现不平衡。而增长极的发展则会进一步加剧区域经济空间结构的不平衡，导致区域内各地区间的经济发展差异增大。新的增长极的形成则会改变区域原来的经济空间结构和产业结构，使之变得更为复杂。不同规模等级的增长极相互连接，共同构成区域经济的增长中心体系和空间结构的主体框架。不难看出，增长极的形成、发展、衰落和消失，都将引起区域经济空间结构和产业结构发生相应的变化，从而对区域经济发展产生重大的影响。

（三）增长极对区域经济发展的作用

增长极对区域经济发展产生的作用是巨大的，主要表现为以下三个方面：

第一，区位经济。区位经济是由于从事某项经济活动的若干企业或联系紧密的某几项经济活动集中于同一区位而产生的。例如，某一专业化生产领域的多个生产部门集中在某一区位，可以共同在该区位培养与利用劳动力，加强企业之间的技术交流，共同承担新产品开发的投资，形成较大的原材料等外购物资的市场需求和所生产产品的市场供给，从而使该区位的经济活动更加频繁，形成良性循环。区位经济的实质是通过地理位置的靠近而获得综合经济效益。

第二，规模经济。规模经济的实现方式是通过经济活动范围的扩大而实现内部费用的节约。例如，区域内通过增长极的吸引力聚集更多的企业，可以提高分工水平，降低管理成本，减少广告费和非生产性支出，使边际成本降低，从而实现劳动生产率的提高。

第三，外部经济。外部经济效果是增长极形成的重要原因，也是增长极发挥作用的重要结果。经济活动在某一区域内的集聚往往使一些生产者以较低的成本获得某些产品和劳务，从而获得整体收益的增加。

（四）增长极理论的经济政策及其评价

1.增长极理论的经济政策

增长极理论的经济政策主要包括以下几个方面的内容：

第一，在市场机制的作用下，不同区域的经济发展差距会扩大。增长极理论主张通过国家经济政策的调控实现区域经济发展的均衡，或至少不能扩大区域之间经济发展的差距。

第二，外部性、垄断和公共产品的存在使追求帕累托最优状态（指的是资源分配的一种理想状态，其中无法再通过任何方式重新配置资源，使得至少一个经济主体的状况变得更好，同时又不使其他经济主体的状况变差）的目标无法实现，所以增长极理论主张政府可以干预市场机制运行的过程。缪尔达尔认为，发展中国家至少应在一定时期内制定经济发展规划，通过这些规划完成稳固积极的循环累积，摆脱低水平循环状态。

第三，按照增长极理论的观点，区域经济政策的目标是平衡区域之间的经济发展差距，要求把效率问题放在次要地位。

从上述三个内容来看，在区域经济发展中，要缩小区域经济发展差距，一方面应强化均衡效应，另一方面要阻断消极的循环累积过程。为此可以采取的措施包括：促进资本向经济发展缓慢区域转移，直接向经济发展缓慢区域进行投资，或者限制这些区域的资本流出。

2.增长极理论的优势

增长极理论自提出以来，被许多国家用来解决不同的区域发展和规划问题，这是因为它具有其他区域经济理论所无法比拟的优点。增长极理论的优点主要体现在以下三个方面：

第一，增长极理论对社会发展过程的描述更加真实。新古典经济学强调均衡说，认为空间经济要素配置可以达到帕累托最优状态，即使短期内出现偏离，从长期来看，也会回到均衡位置。佩鲁则主张非对称的支配关系，认为经济系统一旦偏离初始均衡，就会继续沿着这个方向运动，只有受到外在的反方向力量推动才有可能回到均衡位置。这一观点符合区域经济发展存在差异的现实状况。

第二,增长极理论非常重视创新型企业和推进型企业(主要指的是那些通过技术创新和优化管理,不断提升自身竞争力和发展质量的企业)的重要作用,鼓励企业进行技术革新,符合社会经济发展的动态趋势。

第三,增长极的概念形式简单明了,易于了解,对政策制定者具有吸引力。同时,增长极理论提出了一些便于操作的有效政策,使政策制定者容易接受。例如,佩鲁认为,现代市场充满垄断和不完善,无法自行实现对创新型企业和推进型企业的理性选择和环境管理,因此,他提出政府应对某些创新型企业和推进型企业进行补贴和规划。

3. 增长极理论的不足

部分国家应用增长极理论的实践表明,增长极理论指导下的区域经济发展政策不一定能使增长极所在区域的经济快速增长,反而可能扩大这些区域与发达地区间的经济差距。由此可见,增长极理论有一定的缺陷。其主要缺陷表现在以下几个方面:

第一,增长极理论指导下的区域经济发展政策,一般是一种"自上而下"的发展政策,它单纯依靠外力(如外来资本、本地自然资源禀赋等)得以施行,可能造成经济发展脆弱。在全球化与本地化趋势并存的世界经济中,各国应寻求依靠内力发展区域经济的道路。

第二,增长极的极化作用产生的负效果。增长极上的主导产业和推动型企业通过快速发展产生吸引力和向心力,使周围地区的劳动力、资金、技术等要素转移到核心地区,一定程度上限制了周围地区的发展,使核心地区与周围地区的经济发展差距扩大,这是增长极的极化作用对周围地区产生的负效果。

第三,扩散阶段前的极化阶段过于漫长。扩散作用是极化作用的反向过程,两者作用力的大小是不同的。缪尔达尔认为,市场力的作用通常倾向于扩大而不是缩小地区间的差异,在增长极作用过程中,如果国家不对市场进行干预，回波效应总是大于扩散效应。但赫希曼认为，增长的累积性不会无限地进行下去，从长期看，地理上的扩散效应所产生的作用将足以缩小区域之间的经济发展差距。无论哪种观点，都不能否认扩散阶段前的极化阶段是漫长的。要度过这个漫长阶段，经济发展缓慢地区的人民要继续忍受贫困，社会不安定因素也可能增加。

第四，推动型企业的性质决定了增长极无法带来很多就业机会。推动型企业同主导产业、创新型企业紧密配合，具有很强的技术创新能力，属于迅速发展的企业类型，而且具有较大的规模。推动型企业的性质决定了增长极一般以现代工业为目标，技术装备和管理方法较为先进，因此，培育增长极无法解决就业问题，反而容易形成"飞地"型的增长极。

第五，新区开发给投资带来一定难度。从投资角度看，增长极一般以城镇为依托，不位于已有建成区，而是形成新区。这些新区一般交通不便，生活服务设施相对较差，投资者往往不愿意对这种地区进行投资，而基础设施的建设需要政府的投入，如果政府不采取积极的态度，增长极理论指导下的区域经济发展政策的实施将遇到很大困难。

（五）基于增长极理论的区域经济空间结构开发

增长极理论提出后，被许多国家用来解决不同的区域发展和规划问题。20世纪70年代以后，增长极理论曾被广泛应用于经济不发达地区或地域，成为指导这些地区或区域经济发展的重要工具，许多国家试图运用这一理论促进国家内部各地区经济协调发展。

增长极理论强调集中开发、集中投资、重点建设、集聚发展、政府干预、注重扩散等，具有广泛的应用性。增长极理论强调经济结构的优化，强调优化区域经济空间结构，从而以经济中心的发展带动整个区域的发展。增长极理论对于区域开发和区域规划有重要的指导意义，在区域经济空间结构开发中应用增长极理论需要特别注意以下几点：

第一，不能把增长极与城镇等同起来，只有具备发动型或启动型工业的城镇才是区域增长极。

第二，增长极类型与规模的选择。要根据当地的资源类型、对外经济联系条件、社会经济基础条件以及市场的变动趋势，选择启动型工业，创立产业联系和地区联系体系，确定适合本区域发展的主导部门；对于经济发展缓慢的区域，要求选择在现有体系中顺利发挥增长极作用的企业。

第三，选择适宜的地点培育增长极。增长极应布置在原有城镇的附近或边缘，即在不发达的较低层次的发展轴线上。

第四，充分发挥增长极的功能。大力培育启动型工业，建设满足区域经济发展需要的具有多种社会职能的服务设施。

第五，从城镇体系发展的要求出发，建立包含国家、省、地区等层次的增长极体系。

第六，对增长极要进行集中投资，完善增长中心各项基础设施的建设，建立相应的经济体制，创造有利于增长极发育成长的软环境，使增长极的发展产生较好的投资效果。

二、点轴开发模式

点轴开发模式是在增长极开发模式的基础上发展起来的。在区域经济发展的初期，增长极出现的同时，也存在其他的节点，这些节点也是经济活动相对集中的地方。增长极在发展过程中，会对周围的节点产生多种影响：其一，增长极需要从周围的节点就近获得发展所需的资源、要素，客观上释放了这些节点所蕴藏的经济增长潜力，使它们在向增长极提供资源和要素的同时增加了经济收益；其二，增长极在开发周围市场时，也给周围的节点输送了其发展所需的生产资料和相应的生产技术，带去了新的信息、新的观念，提高了它们的发展能力，刺激了它们的发展欲望，同时也给它们提供了发展的机会；其三，伴随着区域内部经济联系的增强，增长极与周围节点的社会联系也密切起来，增长极的发展带动和促进了这些节点的发展。

在增长极与周围节点的经济交流中，必然产生越来越多的物资、人员、资金、技术和信息等的传递要求。而物资、人员、资金、技术和信息是通过交通线路、动力供应线路、通信线路等连接起来的，这些线路形成了轴线。这些轴线主要是为工业点服务的，有利于增长极和周围节点的发展。轴线形成后，不仅有利于改善沿线地区的区位条件，对人口、产业也具有吸引力，推动人口与产业等生产要素向轴线两侧集聚，刺激沿线地区的经济发展。

轴线形成后，位于轴线上的节点因发展条件的改善而加速发展。这时，可能出现如下情况：增长极和轴线上节点的规模不断增大，轴线的规模也随之扩大，它们又会向外进行经济和社会扩散，在新的地区与新的节点之间再现上述节点和轴线形成的过程。这样，就在区域中形成不同等级的节点和轴线。它们相互连接构成分布有序的点轴空间结构。

在一国范围内，解决经济布局如何展开的问题，从某种意义上说，就是要解决如何确定点轴的开发顺序的问题。从整体上看，点轴开发模式中的开发顺序表现为：首先，应重点开发资源条件最好、发展潜力最大的一级节点和轴线，然后逐步开发二级、三级节点和轴线。一般来说，在地区工业有所发展但发展程度不高、地区经济布局框架还未形成的情况下，可运用点轴开发模式来构建地区总体布局框架。与增长极开发模式不同，点轴开发模式是一种地带开发的模式，它对地区经济发展和布局展开的推动作用要大于单纯的增长极开发所产生的作用。

三、网络开发模式

（一）网络开发模式的基本内涵

点轴开发是空间一体化过程中前期的必然要求，而网络开发是空间一体化过程中后期的必然选择，是区域经济发展走向成熟阶段的标志。

空间一体化中的网络已不完全是交通网络，而是指在点轴的辐射范围（即域面）内由产品、资金、技术、信息、劳动力等生产要素组成的流动网络，以及由交通与通信等基础设施所组成的综合网络。

网络开发模式的基本含义是：依据空间一体化的一般规律，在增长极和发展轴影响范围不断扩大和区域点轴体系完善后，开发重点应放在点轴与其域面之间的综合网的建设上，以在较大区域内形成由产品、资金、技术、信息、劳动力等生产要素组成的流动网络，以及由交通与通信等基础设施所组成的综合网络。区域产业布局根据城镇体系以及上述流动网络和综合网络逐次展开，把网络的中心城市和主要城市作为高层次的区域增长极，把网络中的主轴线作为一级轴线，布局并发展区域中的高层次产业。

网络开发模式要求明确主要节点之间，即主要城市之间的分工协作关系，充分发挥各城市的优势，建立具有特色的产业结构；增加区域各节点之间、各域面之间、节点与域面之间生产要素交流的广度和深度，加强生产要素交流的广度和密度，促进地区经济一体化发展，特别是城乡一体化发展。同时，通过网络的延伸，网络开发模式可将发展机会传播到更多的地区，加强该区域与其他区域经济网络的联系，在更大的空间范围内，将更多的生产要素进行合理配置，使区域经济空间结构与产业结构更趋合理，促进经济全面发展。

（二）网络开发模式的运行机理及适用条件

1.运行机理

交通网络、通信网络、信息网络是网络开发模式的核心部分，它们是影响网络开发模式发展的关键因素。有学者认为，网络开发模式实质上是将经济开发范围由发展轴线延伸到发展域面，旨在进一步延长、拓宽增长极和发展轴，强化点轴在区域经济发展中的辐射功能。网络的延伸与发展，有助于实现区域经济的均衡协调发展。

当一个区域的经济活动都集中在一个狭小的地域范围内，并且这种集中的规模达到一定程度以后，必定会产生一种集中的规模效应，如土地价格的上涨、房地产价格的上涨等。所以，区域经济发展到达一定阶段后，必须进行网络开发。这种网络的开发主要包括以下两个方面的任务：

第一，对老区进行整治和再开发。整治和再开发老区的中心环节就是对它的产业结构、空间结构进行调整，大力发展高新技术产业和现代都市产业，而对于一般性的、有一定技术含量的加工制造业，要向其他地区转移。

第二，对新区进行开发。开发新区时，应选择一些重点的开发路线，从而构成一个区域开发的网络。只有这样，区域经济发展才能实现均衡。

2.适用条件

目前，学者普遍认为网络开发模式属于较高层次的开发模式。网络开发模式有具体的适用条件：第一，该区域要经过增长极开发和点轴开发这两个阶段，才能运用网络开发模式；第二，该区域的经济发展已经达到一定阶段，综合经济实力较强，有较好的经济基础；第三，该区域应该进入工业化的中后期阶段。

（三）信息时代的网络开发模式

1. 新的空间极化过程

随着资源经济向信息经济和知识经济的转变，核心区与边缘区之间原有的社会经济联系发生了很大的变化，从而带来核心区与边缘区的空间重构。传统工业化模式下核心区与边缘区的空间关系和信息化发展模式下的核心区与边缘区的空间关系存在很大差异。

在传统工业化发展模式下，边缘区为核心区提供原材料和劳动力，而核心区的工业产品不断流向边缘区。核心区与边缘区之间渐进的平衡关系依靠原材料、产品、工资及劳动力等要素的流动来维持。

在信息化发展模式下，分布式的通信网络结构有利于信息的多方占有，核心区不再高度垄断信息，地区之间的信息严重不对称问题得到改善。传统工业化发展模式下的要素通过等级扩散的形式进行空间流动，需要耗损较大能量；而信息化发展模式下的要素流动在信息技术的支撑下将损耗降低到最小。同时，基于信息节点的组织结构有利于核心区与边缘区的协调与关系重构。此外，网络化的互动还能最大限度地调动企业、政府、研究机构及个人参与经济协调发展的积极性。因此，在信息时代，极化的基础和形式及其所带来的效应都将发生变化。

2. 多层次极化格局

在信息经济条件下，信息节点开始出现并成长为区域空间新的增长极，从而使高级城市功能不断集中，这样就创造了新的基于信息经济的城市等级结构。边缘区因技术不足而进一步边缘化；由于边缘区一些功能空间不断集中，从而形成了次级核心区，而边缘区也因此出现空间分化。最终，在特定的社会经济背景下，整个区域形成一个与外界环境相适应的、多层次的、开放的空间极化格局。不同等级的空间极化核心是该层面要素流动与社会经济发展的枢纽。在这种多层次极化格局中，边缘区因在某些专业职能方面具有优势，从而与核心区形成互补、协作的关系。

3.多中心、扁平化、网络化空间结构

在信息时代,随着区域间不同等级城市横向联系的增强和新经济中心的出现,以及节点性质和功能变化所导致的功能联系的日趋复杂,区域经济空间结构将会出现多中心、扁平化和网络化的趋势。

4.网络的分类与网络基础

随着信息化进程的加速,区域中的城市、居民、企业,甚至市政设施、政治决策等都被纳入网络。从理论上讲,信息化时代的网络不仅是信息网络、交通网络、产业网络、组织网络等,还是由以上网络所承载的各项社会经济活动形成的网络。

根据网络组成的不同,网络可分为物质与技术网络、组织支撑网络。物质与技术网络是以各种各样的技术设施作为重要骨架的网络,各种技术设施之间的协同作用在其中是最重要的。组织支撑网络则是非物质网络,也是整个网络结构得以运转的社会组织保证,这些网络基本上是无形的,但往往以契约、文件或口头协议等形式存在于一个社会制度、社会组织和人际关系的框架之中。

网络化空间结构的存在有赖于网络基础,主要的网络基础包括:①高效运转与高度整合的行政组织网络;②企业组织网络;③完善的产业链条;④充满活力的创新网络;⑤健全的市场网络(如资本市场、劳动力市场、技术市场,以及生产资料市场、商品流通市场等);⑥复杂的社会关系网络;⑦统一规划、协调运转的基础设施网络(如交通、邮政、电信、能源等网络);⑧城镇网络。这八种网络基础中的每一种都非常重要,它们共同保证了整个区域空间系统的高效网络化运行。

网络开发模式注重推进城乡一体化,加快整个区域经济全面发展,有利于缩小区域间的发展差距。该理论应用的时机应选在经济发展到一定阶段,区域之间发展差距已经不大,区域经济实力已允许较全面地开发新区的时候。

（四）网络开发模式的实践意义

网络开发模式的最大特点在于它有利于缩小区域间经济发展差距，促进区域均衡发展。增长极开发模式、点轴开发模式都以强调重点发展为特征，在一定时期内和一定条件下会扩大区域发展差距；而网络开发模式以均衡分散为特征，将增长极、增长轴的扩散向外推移。网络开发模式一方面要求对已有的传统产业进行改造、更新、扩散、转移；另一方面又要求全面开发新区，以达到经济布局的平衡。新区开发一般也是采取点轴开发模式，而不是分散投资，全面铺开。这种新旧点轴的不断渐进扩散和经纬交织，逐渐在空间上形成一个经济网络体系。

网络开发模式一般适用于经济发展较快地区或经济中心地区。网络开发模式注重推进城乡一体化发展，加快整个区域经济全面发展。因此，该模式适合在经济发展到一定阶段、区域之间发展差距已经不大、区域经济实力已允许较全面地开发新区的时候应用。网络开发模式在经济发展较快地区的应用取得了较好的效果。例如，我国珠三角地区、长三角地区的经济发展已达到较高水平，网络开发模式已成为这两个地区进行区域经济空间结构开发的主要选择。

选择网络开发模式的主要动因有两个：一是中心城市的生产成本日益加大，在利润最大化的驱动下，生产要素往往会自发地向那些生产成本相对较低的地区流动。二是当地政府的主动参与。政府加大对经济发展缓慢地区的基础设施投入，引导资金流向这些地区，从而推进区域经济的均衡发展。

第三节 促进区域经济协调发展的管理策略

协调发展视角下,推动区域经济空间结构开发,需要重视区域之间的协调发展。促进区域经济协调发展是推动整个国民经济持续、稳定、协调发展的不可或缺的手段,是各级政府管理与调控经济发展的长期任务。任何经济活动都离不开一定的空间,因此,经济协调发展不仅要求部门之间、总供给与总需求之间的协调,而且要求区域之间经济发展的协调。

一、区域协调发展战略的依据

实施区域协调发展战略是新时代国家重大战略之一,是贯彻新发展理念、建设现代化经济体系的重要组成部分。区域协调发展战略的形成并不是偶然的,有其坚实的理论与现实依据。

(一)理论依据

从理论的角度来看,实施区域协调发展战略是区域经济规律的必然要求。区域经济规律包括区域经济发展生命周期规律、区域经济空间格局演变规律与区域经济合作规律。

从区域经济发展生命周期规律来看,区域像生命有机体一样,会经历一个生命周期。当经济发展达到或接近中等发达国家(地区)水平时,该区域会开始由成熟期进入老年期,此时全国范围内可能会出现多种区域病并发的局面。区域病是区域问题的通俗说法,一般包括落后病(即社会经济发展水平长期落后于其他区域)、萧条病(即经济曾经达到相当高的水平但由于结构调整不及时而导致主要产业衰退、失业率居高不下、经济增长速度低下)、膨胀病(即人口与经济活动高度密集导致严重的拥挤),以及地区矛盾与冲突加剧。为了保持一个国家或地区的竞争力,政府必须运用合理的区域规划与区域政策来"治疗"区域病,并协调不同区域间的关系。

从区域经济空间格局演变规律来看,以大都市为核心的区域经济一体化,是区域经济空间格局演变的一般规律。区域经济一体化的过程可分为四个阶段,即独立的地方中心阶段、单一的强中心阶段、强中心与少数次中心并存阶段、功能相互依存的一体化阶段。一般而言,当一个区域发展到第三个阶段,只有积极推动相关地区的合作并化解地区之间的利益矛盾与冲突,才能促使其尽快向第四个阶段演变,实现区域经济一体化。

从区域经济合作规律来看,区域经济合作的主要目的是解决区域中资源配置的优化问题。早期的合作内容是物质交换、商品交换、人才交换。随着经济发展,区域合作进一步深入,合作内容向纵深发展,更多表现在资本、技术、信息等高级生产要素的合作,以及大范围、大空间、跨行政区的合作。区域经济发展成熟度不一样,合作的阶段性特点也就不一样。一是以商品贸易合作为主的阶段,这个阶段的主要任务是消除商品流通的壁垒,实现商品的自由贸易。二是生产要素自由流动的阶段,这个阶段的重要任务是各类生产要素在区域间无限制地流动,从而实现资源的优化配置。三是区域政策趋同化阶段,各区域在政策、法规、标准等各方面实现趋同,消除区域经济合作的人为障碍,不断拓展合作的深度和广度。四是区域经济一体化阶段,在实现商品贸易合作、生产要素自由流动、基础设施共建共享、区域政策趋同之后,实现区域经济的一体化。

(二)现实依据

从现实的角度来看,区域协调发展战略是我国区域经济发展到一定阶段的必然要求。当前,我国区域发展差距依然较大,区域分化现象逐渐显现,无序开发与恶性竞争仍然存在，区域发展不平衡不充分问题依然突出，区域发展机制还不完善，难以满足新时代实施区域协调发展战略需要。各种区域问题的出现有一定的必然性，重视区域经济协调发展，不仅是解决各种区域问题的需要，也是增强我国经济竞争力的需要。

具体来看，我国区域经济发展中存在主要的问题有：区域经济发展水平差距较大，西部地区的经济发展缓慢问题在短期内难以解决；东北地区等老工业基地的老化问题突出；东部地区一些经济发展水平较高城市的膨胀问题开始显现；中部地区传统产业转型升级和新兴产业培育发展较慢；地区之间的利益矛盾与冲突有待化解。

在日益开放的环境下，一个地区的发展受其他地区的影响越来越大，对其他地区的影响也越来越大。现代社会经济发展需要多种资源，包括原材料、交通、技术、劳动力、信息等。单个地区一般难以具备所有资源条件，特别是一些落后病或萧条病严重的地区。如果在区域层面上加强合作，就有可能实现地区之间的优势互补。因此，各区域在发展经济时，应当与其他区域寻求政策、规划与发展等方面的合作。

二、区域经济协调发展的必要性

（一）是促进我国经济发展的必然要求

从发展经济学的观点看，能否有效协调区域间的关系，促进各区域共同发展，是关系到整个国民经济能否实现持续、稳定、健康发展的根本性问题。

具体来看，区域经济协调发展对促进我国经济发展的作用表现在以下几个方面：

1.解决地区发展差距较大的难题

地区发展差距主要是指地区间社会经济综合实力水平的差距，包含了地区间经济、社会以及影响经济和社会发展的各方面要素的差距。地区发展差距较大的问题已成为政府在促进经济发展和构建和谐社会过程中必须认真研究解决的重大问题。根据比较对象的不同,地区发展差距可以划分为不同的层次,本书所说的地方发展差距主要指的是经济的差距。在经济发展过程中,由于市场机制的作用,优质要素会不断流向经济发展较快区域,导致区域间的经济发展水平差距不断拉大,区域间的两极分化加剧,矛盾与冲突也不断加剧。当前,我国的地区发展差距主要有以下几个特征:

第一,投资增长推动下的工业化进程导致地区经济结构差距继续存在。地区经济结构的差距包括两方面内容:一是各地区工业化程度继续提高,东部依然保持着相对较快的工业化速度;二是在各地区需求结构中,投资所占比重大幅上升,相应地,消费所占比重大幅下降。

第二,地区经济发展差距尤其是地带间差距仍在扩大。其主要表现为两个方面:一是东部地区继续保持较快的经济增长速度,在全国经济中的相对地位继续上升,西部的经济增长速度有所加快;二是西部地区人均 GDP 增长速度与东部地区的差距略有缩小,但绝对额仍然低于东、中两个地区。

第三,城乡收入差距是地区间人民生活水平差距的主要组成部分。当前,我国各地区城乡差距仍然较大。

无论从何种层面衡量,我国区域发展差距和区域发展的失衡都是不容乐观的现实。从 20 世纪 80 年代优先发展东部沿海地区战略、21 世纪初实施西部大开发战略,到 2003 年实施东北地区等老工业基地振兴战略、2004 年首次明确提出促进中部地区崛起,再到近年来出台的一系列重大战略和规划,实施京津冀协同发展、长江经济带发展、粤港澳大湾区建设等,我国区域协调发展已取得了一定的成效。目前,西部提速,东北攻坚,东部保持,东西互动,拉动中部,是我国正在形成的区域发展新格局。统筹区域经济协调发展,建立促进区域经济协调发展的机制,对于促进我国经济社会全面、持续、稳定和健康发展的意义是不言而喻的。

2.缓解经济发展过程中的现实矛盾

在从粗放型经济增长方式向集约型经济增长方式转变的过程中，土地、资本、劳动力、科技等生产要素的配置效率得到迅速提高。各类企业在激烈的市场竞争中，努力压低成本，按照比较优势原则集约配置资源，跨地区兼并企业或将生产外包。这些企业以理性的行为，不断推进区域经济一体化。同时，在区域竞争的环境下，成熟的企业开始在不同地区进行选择，它们倾向于在政府的经济调控职能发挥出色的区域进行投资，进而对不同区域之间政府的合作提出更大的挑战。这些经济发展过程中的现实矛盾，对区域经济协调发展提出了更高的要求。面对仍然存在的区域壁垒，政府必须通过有效统筹区域发展，化解各种经济发展过程中的矛盾，让生产要素的流动畅通无阻。

3.促进宏观经济持续健康发展

经济发展较快的地区发展到一定程度后，通常会出现以下两方面的需求：

第一，进一步开拓市场的需求。在经济发展较快的地区，由于经济快速发展，供给大幅增加，必须有需求的增加相互配合，即必须开拓市场、扩大销售量，才不至于造成产品积压，从而保障正常的社会生产。

第二，转移产业的需求。本地生产要素（如劳动力、原材料、能源、土地等）的成本上升，导致企业经济效益下降，并出现生产和生活用地紧张、环境质量下降、交通拥堵等问题，不仅影响正常生产，而且对本地居民的正常生活造成不利影响。解决这些问题的有效方式是将一部分产业转移出去。否则，经济就没有持续增长的后劲，势必出现衰退的局面。

（二）是实现共同富裕的必然要求

实现全体人民共同富裕是社会主义制度的本质要求。区域经济发展不平衡，会导致各地区居民收入的不平衡，使贫富差距拉大。这种收入的差距并不是由于人们的能力不同或劳动付出的不同所造成的，而是由外部经济环境造成的。收入差距过大容易引起群众的心理不平衡，从而导致社会问题。在市场经济的持续发展中，贫富的对立会进一步引起收入分配更严重的不平衡，很容易造成各种社会矛盾，导致国民经济运行的外部条件恶化。因此，只有建立区域经济协调发展机制，发挥区域经济协调发展机制在完善区域治理体系、提升区域治理能力、实现全体人民共同富裕等方面的作用，才能为我国的社会主义现代化建设提供有力保障。

三、区域经济协调发展机制的构建

促进区域经济协调发展，必须建立一个满足社会主义市场经济发展需要，能够实现共赢的新型区域经济协调发展机制。这种新型机制，包含利益分享机制和利益补偿机制，既要充分发挥市场在资源配置中的决定性作用，又要有效发挥政府规划和政策的积极引导和调控作用，并使各区域主体（包括居民、企业、政府）积极参与区域分工与合作，实现互利互惠。

利益分享机制是通过合理的分配制度，确保区域经济协调发展所带来的回报能够公平合理地分配给所有参与者，包括主要贡献者、投资者、劳动者等。建立利益分享机制有助于激励更多的主体参与到区域经济协调发展中来，促进区域经济协调发展机制的建立和完善。

利益补偿机制指的是对于因实施区域协调发展战略而受到影响的社会群体，应当给予相应的补偿，如通过税收、社会保障等方式，对因实施区域协调发展战略而收入下降的人群进行补偿。利益补偿机制有助于减少社会矛盾，维护社会稳定，确保区域经济协调发展机制能够在更广泛的社会基础上得到支持和接受。

利益分享机制和利益补偿机制的构建，可以在促进区域经济协调发展的同时，减少社会不平等。

建立健全区域经济协调发展机制要通过完善以下机制来实现：

（一）市场机制

区域发展不均衡是自然的、历史的、经济的和政治的各种因素综合作用的结果。我国社会主义市场经济体制还不完善，突出表现在要素价格不能充分反映其稀缺程度，特别是在经济发展较快地区，由于政府对生产要素价格进行补贴，在一定程度上阻碍了资金在区域间的自由流动。经济学理论指出，充分的要素资源流动，会通过市场这只"无形的手"的作用，调节要素价格，最终形成区域间的资源均衡配置机制。因此，在社会主义市场经济条件下，推进区域经济协调发展，首先必须打破地区封锁，加快建设全国统一大市场，实现生产要素在区域间自由流动。

建设全国统一大市场，简单而言就是"五统一，一破除"。具体来说，就是通过统一的基础制度规则、统一联通的市场设施、统一的要素资源市场、统一的商品服务市场、统一的市场监管，以及破除地方保护，建设统一开放、竞争有序、高效规范的超大规模市场。全国统一大市场建设是实现超大规模市场优势，释放需求端巨大潜力，实现供给端充分协调的重要前提。特别是对于网络经济和平台经济而言，只有消除区域间的市场壁垒，才能充分挖掘市场需求，实现规模效应和协同效应。

（二）合作机制

合作机制是在区域之间实现政府搭台、企业唱戏的机制。我国中西部地区具有资源优势，东部地区具有资金、技术和人才优势，通过发展横向联合，互通有无，互相支持，将东部地区的资金、技术和人才优势与中西部地区的资源优势结合起来，促进东部地区那些主要依靠资源的产业向中西部地区转移，既可以避免资源大跨度、大规模调动，降低运输成本和交易成本，提高整体经济效率，也可以带动中西部地区的经济发展。

构建区域经济协调发展机制，要求建立制度化的区域合作机制，开展多层次、多形式、多领域的区域合作，加强统筹协调，在基础设施和公共服务建设方面加强协作，避免重复建设和资源浪费。充分发挥政府和中介机构的作用，建立区域合作的服务体系，鼓励区域合作方式创新。

（三）宏观调控机制

中央政府经济管理的重点是根据优势互补、整体协调的原则，对各个区域经济进行规划、指导和管理，根据不同区域的资源状况、发展潜力、地区优势，实施有区别的区域经济发展政策，并保证区域经济发展政策的稳定性。在区域经济管理体制上，要调整中央与地方的管理职能，协调中央和地方的利益关系，逐步完善中央和地方的分级管理体系。中央政府还应通过完善促进区域经济协调发展的财税政策、金融政策、法律政策等，引导国内外投资者向经济发展较为缓慢的地区进行投资。

从市场机制和宏观调控的关系来看，双方是正向互动的关系。市场机制和宏观调控机制是相伴相随的，割裂二者，就无法有效形成生产率最高、资源配置最优、市场主体行为约束最强的秩序，还会阻碍区域经济发展的内生合作机制的形成。

市场机制是一种"自然秩序"，宏观调控机制是一种"人为秩序"。无论是市场机制还是宏观调控机制，都存在一定的缺陷。市场机制的缺陷需要政府实施宏观调控来弥补，而宏观调控的缺陷需要市场机制来弥补。市场机制和宏观调控机制功能互补，二者不可分离。

区域合作的发展程度与市场化水平和政府宏观调控方向密切相关。政府通过制定政策、完善服务体系，促进东部地区的资金、技术、人才优势和中西部地区的资源开发优势相结合，开展互惠互利的区域合作。可见，区域合作必然伴随着劳动力、资金和技术等要素在区域间的流动，要素在区域间的流动规模和速度也决定着区域合作的广度和深度。政府的宏观调控政策影响着各合作主体间的利益分配，直接关系到区域合作能否达成，而区域合作的实践又为政府宏观调控政策的出台提供了重要依据。

此外，构建区域经济协调发展机制，还要建立健全区域政策与其他宏观调控政策联动机制。加强区域政策与财政、货币、投资等政策的协调配合，优化政策工具组合，推动宏观调控政策精准落地。财政、货币、投资等政策要服务于国家重大区域战略，围绕区域规划及区域政策导向，采取完善财政政策、协同制定引导性和约束性产业政策等措施，加大对跨区域交通、水利、生态环境保护等重大工程项目的支持力度。

参 考 文 献

[1] 陈洁思婷.现代化企业物流经济管理模式的探究[J].中国储运,2024(03)：199-200.

[2] 陈莉,张纪平,孟山.现代经济管理与商业模式[M].哈尔滨：哈尔滨出版社,2020.

[3] 霍霜霜.新经济背景下现代企业财会管理创新的探索[J].财会学习,2023（14）：153-155.

[4] 贾冰.现代经济管理探析[J].环球市场,2017（04）：58.

[5] 江博天.企业现代经济管理模式规范化建议[J].中国市场,2016（40）：54-55.

[6] 蒋轶.传统经济管理思想对现代经济管理产生的影响[J].环球市场,2020（27）：16.

[7] 康芳,马婧,易善秋.现代管理创新与企业经济发展[M].长春：吉林出版集团股份有限公司, 2020.

[8] 李春成.关于培养现代经济管理人才的思考[J].理论与现代化,1994(10)：41-42.

[9] 刘凯.现代国有企业经济管理存在的问题与措施探析[J].市场周刊,2024,37（05）：25-28.

[10] 麦文桢,陈高峰,高文成.现代企业经济管理及信息化发展路径研究[M].北京：中国财富出版社有限公司,2020.

[11] 那权.论现代经济管理与发展科学技术[J].北方经贸,2017（12）：41-42.

[12] 努尔比耶·阿卜杜力,谢仁阿依·穆合塔尔.浅析经济信息在现代经济管理中存在的问题和对策[J].环球市场,2018（03）：3-4.

[13] 孙树旺.略论现代经济管理的传统表现[J].科技创新导报,2015,12(01):175.

[14] 王翔翔.现代市场经济理念下的公路运输经济管理研究[J].运输经理世界,2023（32）：49-51.

[15] 夏玉鼎,王浩.浅谈有中国特色的现代经济管理[J].河南大学学报（社会科学版），1994（01）：75-76.

[16] 杨丹.浅析现代经济管理及其创新[J].商,2015（42）：17.

[17] 杨欣如,杨欣意,许昌荣.经济管理现代化和发展趋势研究[J].中国产经,2023（07）：117-119.

[18] 张景岩,于志洲,卢广斌.现代经济发展理论与金融管理[M].长春:吉林科学技术出版社,2021.

[19] 张宁.现代经济管理理论创新研究[M].长春:吉林出版集团股份有限公司,2017.

[20] 张婷婷.现代企业经济管理创新内容及方法[J].现代工业经济和信息化,2022,12（12）：211-213.

[21] 张馨月.现代企业经济管理存在的问题与对策[J].商场现代化,2023（18）：98-100.

[22] 赵雅丽.企业现代经济管理模式规范化建议[J].合作经济与科技,2016（07）：87-88.

[23] 朱万春,吴博,方亚君.现代管理经济学原理与应用研究[M].北京:光明日报出版社,2014.